命理生活新智慧・叢書 77

旺運寵物命相館

——如何為寵物算命

http://www.venusco555.com
http://www.venusco.com.tw
E-mail: venusco@pchome.com.tw

法雲居士⊙著

金星出版

國家圖書館出版品預行編目資料

旺運寵物命相館——如何為寵物算命／法雲居士著，--第1版.--臺北市：金星出版：紅螞蟻總經銷，2006[民95]
冊；　　公分--（命理生活新智慧叢書；77）

ISBN 957-8270-67 -4 （平裝）

1.命書

293.1　　　　　　95012275

旺運寵物命相館——如何為寵物算命

作　　者：法雲居士
發 行 人：袁光明
社　　長：袁靜石
編　　輯：王璟琪
總 經 理：袁玉成
出 版 者：金星出版社
社 地址：台北市南京東路3段201號3樓
電 電話：886-2--25630620●886-2-2362-6655
傳 FAX：886-2365-2425
郵政劃撥
總 經 銷：紅螞蟻圖書有限公司
地　　址：台北市內湖區舊宗路二段121巷28・32號4樓
電　　話：(02)27953656(代表號)
網　　址：http://www.venusco555.com
E-mail　：venusco@pchome.com.tw
　　　　　venus@venusco.com.tw

版　　次：2006年8月第1版
登 記 證：行政院新聞局局版北市業字第653號
法律顧問：郭啟疆律師
定　　價：250 元

行政院新聞局局版北字業字第653號
(本書遇有缺頁、破損倒裝請寄回更換)

ISBN：957-8270-67-4 (平裝)

投稿者請自留底稿
本社恕不退稿

（因掛號郵資漲價，凡郵購五冊以上，九折優惠。本社負擔掛號寄書郵資。單冊及二、三、四冊郵購，恕無折扣，敬請諒察！）

序

在二〇〇四年十一月底的時候，民視有一個節目叫『異言堂』的節目訪問我。當時我以為年關將近，多半是聊一些來年旺運的事，特別節目的前段也是拉拉雜雜的說了些人的運氣。中間休息時段製作人突然從錄製現場四周找了一隻狗，並帶著牠的女主人到現場要我算命。製作人也央求我說，要做一些不一樣的節目。

本來有生命的東西皆有『命』！有開始、有結束、有生老、病、死過程的東西，就有『命』！天地芻狗，等值一般，未有貴賤高低之分，於是我細細觀察了這隻狗，和牠的主人，便開始論命。

這隻狗是白底有幾團大塊黑色在背上與頭眼、脖子之間。矮腳、中小型身材、眼露精明之色，精神充沛，一直在女主人腳旁、繞著她、轉來轉去，不讓別人靠近女主人，否則就會發出低吼，或是做勢要狂吠咬人了，那位已過中年仍姿色姣好的女主人，常常就是用感覺上很有教養的低聲細語來唸牠：不可以喲！這隻狗就會安靜一、兩秒時間，再繼續低吼和吠幾聲，牠非常忙碌緊張。過了一會兒，大概較熟悉環境和人多的場所了，也可能牠覺得能控制環境了，便不再低吼了，只是用很感受興趣的眼神左右張望著。

女主人抱著狗，坐到我前面來。我說：『這是一隻七殺坐命的狗！』周圍有笑聲。女主人也很愛講話：『牠是一隻很小很小的流浪狗吔！在我們家門口走走去，我兒子就把牠抱進來養了，起先我很討厭狗，但是說也奇怪，我慢慢的就很喜歡牠。以前很怕小偷，晚上害怕睡不著，現在每天都睡得很好。』女主人一面說，一面用手撫摸那隻狗的毛，那隻狗鼻孔仰得很高，彷彿英雄在接受讚揚一般，神氣得很。我再說：『這隻狗到你家後，應該一切都平順，財富也有增加。』女主人說：『財富有沒有增加，我不太清楚，不過，我們有多買一棟房子。』旁邊的人也插起話來：『老師！不是狗來富嗎？當然一定會帶財富來囉！』我說：『這倒不一定！就像人也有窮命的人，狗也有窮命的狗，就未必會替主人帶財來了。』另外，『這隻狗非常喜歡管事、工作，要多派工作給牠，也要教牠一些新的技藝，牠才會覺得生命有意義，生活有樂趣，如果家中常無人在家，牠便會懶洋洋而身體不好了。七殺坐命的狗和七殺坐命的人一樣，外在環境一定要符合牠生存的環境、要富裕、衣食無憂，生活愉快。倘若環境不對，這隻七殺坐命的狗命不保，也許會離開，同時你們家的家運也會發生變化。所以這隻狗和你的家族已緊密的綁在一起了。

此外，我又問了女主人，她家大門應該是朝西北方的吧！而且門的顏色也應是白色旁邊有一些黑色。女主人大驚失色：『老師！你怎麼知道？你去過我家喔？』『我沒去過你家，我是由狗狗的感覺而知道的。這隻七殺坐命的狗，牠會選與牠磁場相合的地方生存，所以選了你家。如果你家是紅色大門，牠就不會去

了，去了也待不住，早就離開了。』女主人想了一下：『對啊！我家隔壁就是紅色大門。唉！原來不是我們在選你，而是你在選我們喔！』女主人開心的摸著狗頭：『原來我們的緣份是這麼樣的，以後我們怎樣對牠會更好呢？』

這隻七殺坐命的狗，會出現在這個當口，自然是順應時間的需要形成的。這位女主人及她的家人，也必是『殺破狼』格局坐命的人，在一些磁場相合的狀況下，這隻狗狗生活愜意，這是一雙保家盡忠衛主的狗。另一方面由狗選到人，其主人也必是走金水運會大發，走金水運為財運的人，故這隻狗狗的出現，也確實為此家人顯了十年以上的大好旺運。

大家一聽這隻狗是隻好命的狗，紛紛都想逗弄牠一下，攝影師和年青陰柔的助理製作人都去伸手摸牠，但牠回頭就對助理製作狂吠而躲到攝影師的臂彎去了。助理製作人很懊惱的說：『我也對你很好吔！你為何對我凶？』這是因為助理製作人是屬於『機月同梁』格命局的人，而攝影師很明顯的是『殺破狼』格局的人，他和狗的磁場相合，狗會喜歡他。

通常我們養寵物，只有想到我們自己喜不喜愛！而從無顧慮到寵物牠也會有感受和感情，養寵物和養小孩一樣！父母對小孩照顧好、疼愛多，小孩自然命好！主人對寵物的照顧多、疼愛多，自然寵物也命好了。好命的寵物自然也會為家運帶來加分作用。

這本書主要是教大家選對要養的寵物，並塑造有利於自己的旺運磁場。不要因一時的新鮮或養了寵物，而後又丟棄，製造孽緣，孽緣製造多了，總會有災禍在人生拐角處等著你，這是不好的。

法雲居士　謹識

◎如何為寵物算命——

命理生活叢書77

旺運寵物命相館——如何為寵物算命

目錄

旺運
寵物命相館

◎如何為寵物算命——

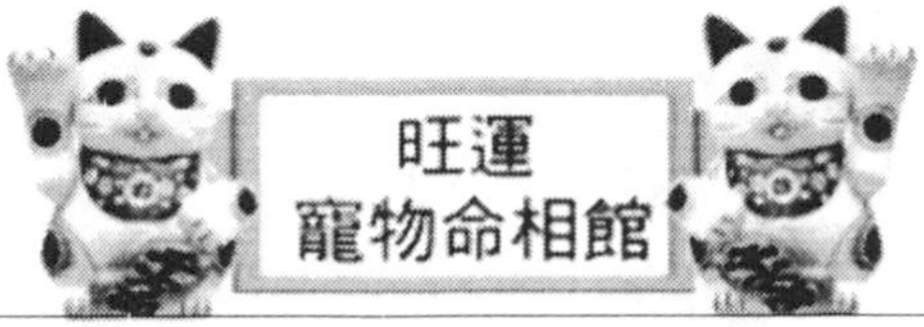

前言

這本『旺運寵物命相館』是我一直想早點寫的書，一方面是我本身很喜歡養動物，也養過種類繁多的動物。對動物有特殊的感情和相處領悟。另一方面是我常看到身旁的朋友們常因一時的高興到寵物店買了寵物來養，過不了幾天又到處問人，希望把寵物送出去的窘境。有時我也在行走街頭或巷弄中看到許多流浪狗，其中常常就是前一陣子正流行風迷的名犬。我自己家中也收養過流浪犬，這些事常讓我思考反省到：人為什麼不能事先多想一下、多考慮一下自己的處境、環境和自己的性格，到底適不適合養動物，想好了再來養呢？

◎如何為寵物算命——

很多人常看到別人有的，自己也想擁有！卻不知在你的磁場中是否有寵物的位置？在寵物的磁場中也未必有你的位置？在這樣的狀況下，你和寵物的緣份就很薄了。朋友的女兒很喜歡養寵物，常買名貴的貓狗來養，每次都養不了多久就死了，彷彿『寵物殺手』。我說：『拜託！別再養了吧！先把她自己養好就不錯了！』

有些人天生就沒有養寵物的能力，也不知如何對待生命是好的方式，只是一時的興趣想炫耀，或有新奇感而養一下。剛出生的小動物和小嬰兒一樣是要二十四小時照顧的，一疏忽便會性命嗚呼了，所以做父母長輩的人，除非你能幫小孩一起負擔這個養育的責任，否則就應阻止不成熟的子女來任意養寵物，以免悲劇發生。

大家從媒體上都看到藝人林志玲有一隻可愛的紅棕色貴賓，

名叫巧克力的寵物狗。近來這種像泰迪熊的小型狗十分可愛盛行。但這種狗並不是每一個都能養的，就像紅色內褲並不適合每一個人的運氣一樣。可是林志玲能養，而且會養得很好，也會為她帶來旺運。。這是為什麼呢？這是因為林志玲本身的八字五行要火才會旺。她在台灣發跡出名，以前在美國讀書沒什麼名氣，又到東北拍片摔下馬來，表示北方、西方和金水運是對她不利的。自然她養白狗、黑狗都對其人不利的。再一方面林志玲的名字中三個字全是『火』，因此穿紅色衣服、土黃色衣服、咖啡色都對其算是吉色有利的。因此這隻咖啡色的小貴賓也是她磁場中吉方的顏色。磁場相合，也會為她帶來好運了，會讓她名氣、財利更旺了。

每個人想要知道對自己有利顏色的寵物，應先由自己的八字中求得喜用神的宜忌，自然能知道吉方、財方，就能由吉方、財方得知吉色了。要得知喜用神宜忌，你可在算命時問算命師，要他告訴你。另外也可自己研讀書籍來找。（法雲居士近作『八字王』及『如何選取喜用神』即可算出對自己有利的動物顏色）

其實有一些頭腦清楚的人，下意識就會選對自己有利的旺運寵物。但是頭腦不清楚的人，就會反其道而行，例如命格是須要有金水系列的人，應養白色、黑色、灰色的寵物，但卻養了土黃色寵物如黃金獵犬等。而命格須要火的人，卻養了白色、黑色的寵物，如此一來無法形成旺運磁場，反倒有洩氣、洩運的可能，常常你愈看牠愈不順眼，牠也見你躲得遠遠的，一點也不親。

要看自己頭腦清不清楚，是否會選對旺運寵物，可先上網去印紫微斗數的命盤，有一些網要付費。**金星出版社網站上有免費的印命盤服務可利用之。**在紫微命盤上，在命宮、財帛宮、遷移宮、官祿宮有化忌星的人，是頭腦不清楚的人，容易選不對寵物。其他的人尚可，但也有各式各樣的例外。

要看養不養得好寵物，要看自己的子女宮和遷移宮，這兩個宮位有吉星的為吉。這在後面會講到那些人很會教養寵物。另外，有些人喜歡養特殊奇怪的寵物，或以寵物市場為職業的人，都會有特殊命格，在這本書中也都會談到。

這本書不但會算寵物的命，也會算主人的命，因為主人和寵物相互為磁場的關係使然，希望大家會喜歡。

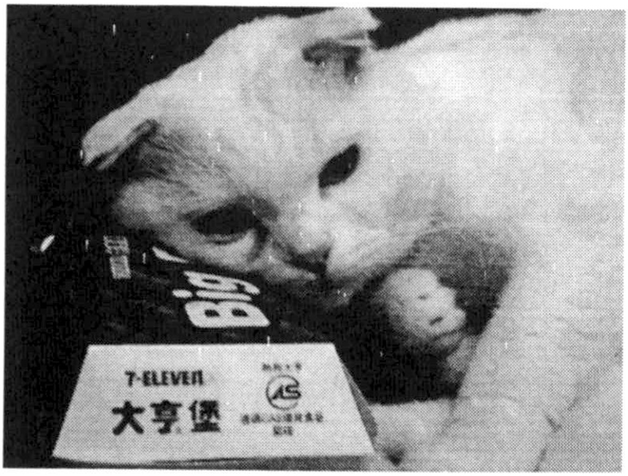
7-ELEVEN
大享堡

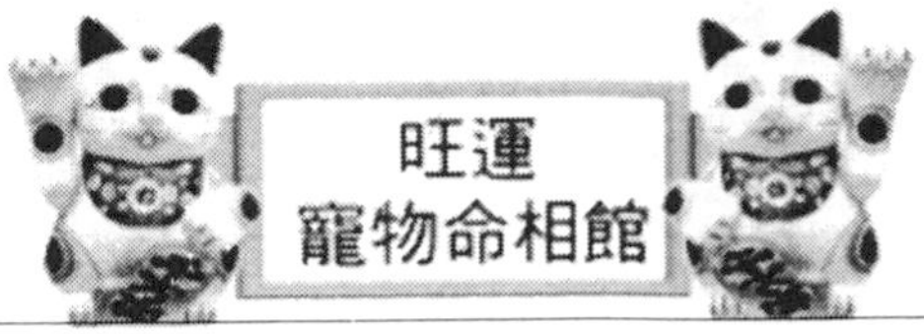

1 旺運寵物怎麼看？怎麼找？

為什麼開頭第一個章節就告訴你旺運寵物怎麼看？怎麼找呢？好像一開始就公佈答案一樣！我是覺得現今大家都很忙碌，急性子的人也多，例不如開宗明義的先告訴你如何看旺運寵物的方法和結果，有興趣的人，再來研究算命的內容。

很多人常常是以『我想養什麼？』『我喜歡……』的心態，買了寵物來養。這種以『自我』為中心的心態，往往會讓你根本就弄不清楚你和寵物之間的關係。以為寵物是一件物品，放在那邊，有空時玩弄一下就好了。但是！寵物是有生命，是活潑會活動的，有些還聰明的會思考，有自己獨立思想，當然也會有自己的怪主意，會讓你頭痛。寵物會增加你生活中的變化和趣味。但管教不好，也會造成你環境上的髒亂，增加你更多的整理清潔的工作負擔。有些人亦會因為寵物的凶性或毒性給自己帶來不利或傷災。

每個人都希望擁有不太麻煩，又有趣，沒有危險性的寵物。而不希望寵物會為自己來麻煩，或因寵物咬人，而有官非傷災。往往，常給你帶來麻煩的寵物，都是和你緣份不好，亦可能會刑剋你的、使你辛勞、遭災的寵物。**乖巧、聽話，會處處為主人著想，不惹是非，又能凝聚家庭人員感情的寵物，就是旺運寵物了**。如果某些寵物再會給你帶財來，讓你得到大財富，讓寵物就更是和你八相合，成為你的貴人了。有一天，我看電視，看到台灣蛇王的長相和他的蛇，哇！這個人從相貌上看來，真是和蛇太合了，蛇屬陰的東西，此人也應是陰年所生之人，應該在八字上

有和蛇相合的狀況。其人對蛇的生命周期和生存環境、習性都十分專業，因此蛇會為他帶來大財富，也會是他的貴人。

1-1 什麼樣的寵物是帶旺運的寵物

前面所說蛇王的『蛇』就是蛇王的旺運寵物，會為他帶財來，靠蛇吃飯、賺錢，彼此心靈相通、相互瞭解。雖然蛇王也多次被蛇咬過，那是相處模式不熟悉之故，彼此熟悉了，便不會了。

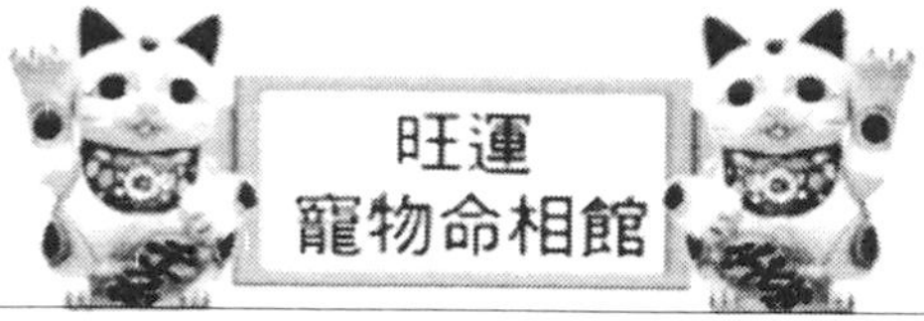

要判斷是不是你的旺運寵物，有一些條件：

1 **我們常在外面看到一些帶著貓狗外出的主人，他們的狗或貓臉孔和氣質十分相像。**有些主人有驕傲、霸氣的外表，他的狗也趾高氣昂的走路，或是長著一付老虎臉。性格十分柔弱的人，養的貓狗也會膽小如鼠。這沒有什麼不好的！動物和主人在臉相和氣質上很相像，表示該動物和主人的磁場很接近。自然牠也會儘量模仿主人，以及學著用主人的思考方式在思考事情。牠也會用主人的思想方法來對待周圍環境中的人、事、物。**例如說**：牠知道主人喜歡那些朋友，牠就會對這些人好，主人不喜歡的朋友來了，牠就會先衝出去凶起來。像這種與主人一鼻孔出氣，或與主人相貌氣質類似的寵物，就是該主人的旺運寵物了。

要說旺運有多少？要看主人本身的想法和運氣了。要是主人本身

是個不重錢財的人，或是主人本身財不多，則寵物幫忙帶旺運給主人的運氣內容，是不會和錢財有關的。會和其他方面有關。

如果主人好狐獨，所養的貓狗寵物的也會喜孤獨，兩人相依為命，寵物帶給主人的旺運則是心靈的慰藉罷了，不容易帶別的旺運，但如果主人好讀書，則能為主人帶考試運或官運來。

2 某些情侶因寵物結緣而結婚的。那些隻寵物自然是這對情侶的旺運寵物了。

3 當你的人生有變化，而且是好的，運氣往上走時的變化時所養的動物寵物，自然會是旺運寵物。這一點我自己本身有很大的感觸。

在我女兒小學五年級的時候，我做生意發了大財，小孩吵著要養一隻狗，因此我們到東區的寵物店買了一隻可愛捲毛的狗，當時我們還對於這種比熊狗不太熟悉，後來知道牠是一隻愛玩犬，並且時常要求和人一樣的待遇，牠和我女兒一起平起平坐，常要求和我女兒一樣的待遇，讓人十分好笑。這隻狗每天和我一起上班下班，接女兒上、下學，儼然是牠份內的工作。這隻狗活了十三歲，在這十三年當中，牠是一隻非常好命的狗，享受了十分高級的富貴享受，也給我們家留下了十幾隻狗子狗孫，繼續陪伴我們。牠後來所生的小犬，就不如牠自己那麼富貴了，所以我們家的經濟狀況也較萎縮一些。

我常說：**只要有生命的東西，都會有生命磁場**，會影響你周圍的環境。因此剛出生的小孩，會順應當時環境的須要，順應父母的經濟狀況而帶財或不帶財的出生。如果父母懷孕時十分窮困，或不快樂，就會生出命窮或多是非的命格小孩。出生之後家宅不寧，或受不到父母良好的照顧。養寵物也一樣，寵物到你家，也來一個添加了寵物生活的磁場環境。如果你感覺自己最近運氣很好，有很多快樂的事發生，就是好運的時候，這時候會養的寵物就是旺運寵物了！如果最近有很多衰事發生，千萬別去買寵物，或接受別人送的或寄養的寵物，因為也易有來者不善的寵物，會為你憑添煩惱。再者，**你千萬別想用別的、任何的寵物來為你的衰運沖喜**。衰運只有等它靜靜的過去，因為時間是流動的、運轉的，會一分一秒的往前進，不會停留，因此衰運也不會久留的。人在衰運期，會有衰運磁場吸引衰運的人或動物靈性前來你的環境之中，會為你帶來災禍、血光之事，因此你更要小心，不能再在此時去養寵物。要不然不是牠刑剋你，為你帶來更多的衰運，或是你刑剋牠，養不活，生病死了。這兩種都是不好的狀況。

4 會使你脾氣變好、改善你的人際關係的寵物，就是旺運寵物。

有些主人有驕傲、霸氣的外表，他的狗也趾高氣昂的走旺運的物是會影響周圍環境的氣氛，使之往好的方向發展的，**例如**：我前面說的那隻富貴狗貝蒂。我們稱牠為貝蒂小姐。每們每次帶牠回我的母親家，我的母親都像對待一個非常有來頭的上賓一樣對待牠，本來母親是不喜歡動物的，而且對我們很嚴厲，講話語多諷刺。其實我們很怕到她面前去。但是自從帶貝蒂小姐一同去了之後，家裡的氣氛就變得快樂了，大家的眼光一直隨著貝蒂的身影移動，歡笑不斷。貝蒂也愛耍寶，逗得大家很開心，牠還會用頭頂球，像踢足球的頂球一樣，有一次頂球球砸到父親頭上，他也不生氣，家裡一片和樂融融。母親也常打電話來問候貝蒂的狀況，因此我們也和母親更親密了一些。

5 旺運寵物像家裡人一份子，和家裡的任何事物、運氣都息息相關。

我家裡有一個魚箱，養了十幾年有了，養的不是名貴的魚，是一種扁平像元寶的銀色銀板魚。現在已經養的比手掌還大了。每晚我會給牠飼料餵食，不知從何時開始，我發現牠會停在靠外面這一面，可看到客廳全貌的角落來注視我們。有時候魚缸長青苔，牠看不太到我們，牠就會擺動、弄出水聲，提醒我要清理魚缸！說也奇怪，每次清理好魚缸，第二天總有一筆錢會進帳。女兒說：你為何不常常去清理魚缸呢？因為太忙，總是顧及不到。每次看魚也再三警告我們了，才動手清理。有時候我和牠對看互望，或是用手按在魚缸上和牠玩躲貓貓，彷彿彼此能互知對方的感受而心情感動愉快。有一陣子很忙，回家後又很累，胡亂撒了魚飼料就睡覺了，但是一想到魚缸很濁，如刺在背，心中總不舒服。有一天早晨起來，我赫然發現魚缸不知為什麼突然水清了，而且缸壁玻璃上的青苔也清潔溜溜，真使我吃驚！至今還想不出是何原故？當天我懷著忐忑不安的心情上班。到下午的時候，有一大筆生意進帳，回家時，我對著魚缸和這隻銀板魚對望，並用內心對話，對牠說：『阿里阿多！』

6 旺運寵物會為主人帶財來，也會為主人的朋友帶來好運

。但是必須是磁場和牠相合的人才行。有一位小女生開了一間寵物餐廳，由她所教養的幾隻狗坐檯。其中有一隻犬種為老牧羊犬的、有灰白兩色，長毛，會蓋住眼睛的大狗，和幾隻可愛的小狗。這些狗狗都溫馴，聽話、乖巧，也懂得向人撒嬌，自然會讓這位小女生店主門庭若市而進財。狗狗們都知道牠們要做什麼事，例如給客人帶位，在旁靜靜的陪伴或讓人撫摸等等。

天母芝山捷運站附近有一家寵物餐廳，是可愛的貓咪坐檯

的，自然這些貓咪會一直接受你的撫摸，而不會沒耐性發脾氣。這些寵物會為店家帶財來，如果你常去走動，又和牠們磁場相合的話，自然這些寵物也會為您帶來旺運。因為帶財的寵物就是帶有人緣、帶有好的機會、旺運的寵物，牠和人的頻率相合，自然也會影響到你的運氣變好增強了。

7 旺運寵物在的時候，你家裡的鼠、虫、蛇、蟻、蚊子、蟑螂等等害蟲都會少。

家裡面有鼠蟲、蛇蟻、大蜘蛛、蜈蚣等害蟲時，多半是陰濕，運氣不好，很久不打掃、不整理的結果，旺運寵物會帶來陽氣，會驅逐陰氣，也會讓你奮發，想要整理環境，使環境變美好。自然磁場的影響所致，那些毒蟲，不好的東西會消失殆盡。也因為這些不好的東西消失了，你的運氣才會變好。也只有你的運氣變好了，你的旺運寵物才在你家待得下來，待得長久，你才能養牠養得久、養得好。

8 旺運寵物會預知你的旺運時刻或災難時刻，帶你趨吉避凶

有一位朋友平常喜歡騎著機車，帶著狗（狗站在機車踏板上）到處閒逛或買東西。他最喜歡簽大家樂或買樂透，或跟朋友小賭一番。他本身有一些偏財運，沒有正業，算是簽賭維生的人。自從他看了我寫的『如何算出你的偏財運』之後，會算自己的爆發日了。有一天正值暴發日，於是又騎著機車帶著這隻小土狗，準備大簽一番。先到簽大家樂的組頭家，誰知狗就是繞著他大聲狂吠，不讓他簽，一直要走，要離開。他想，時間還早，就先去買樂透好了，於是帶著狗就騎機車走了，跑去買了樂透，因為去大家樂的組頭家，很不順路，因此又先回家了。想用打電話的聯絡再簽就好了。於是回家便先睡了一下，至傍晚時分，醒

來，準備打電話簽大家樂了，結果都發現電話線被狗咬斷了，十分生氣，但修好也來不及簽了，只好放棄這次機會了。晚上，打開電視對獎，居然中了上百萬的獎，等到晚一點時確定有二百多萬。這時他又高興，又生氣，覺得這隻狗擋了他的財路，沒讓他簽成大家樂，否則上千萬或幾千萬的賭金，豈不發的更大。因此狠狠踢了那隻狗幾下。

第二天早上別的朋友來家裡找他，告訴他一個驚人的消息，原來他常簽大家樂的組頭連夜跑了。很多人都氣憤不已！這時候他看到那隻狗的表情，恍然有所悟，他來告訴我說：『真是奇了！要不是那隻狗那天那麼反常，我也會不顧一切的摺下去幾十萬，可能到時，兩邊都沒中，錢又被別人拐跑了。

現在，這個朋友很相信他的狗有靈性，而且又忠心，是隻神犬，對牠疼愛有加了，一直對踢了牠兩腳的事抱歉，拚命跟牠說：對不起！

9 旺運寵物如果是鳥類或爬蟲類的動物，而這些動物又會為你帶來利益或快樂的話，也是不錯的旺運寵物。但你的命格中會有很多特殊狀況的性格，例如會養鱷魚做寵物，或是養駝鳥為寵物，或有人養駱馬為寵物，亦有人會偷偷養一些保育類的動物做寵物。這些人都會在天生性格中或命中有一些特別現象。這些會在後面的章節會談到。

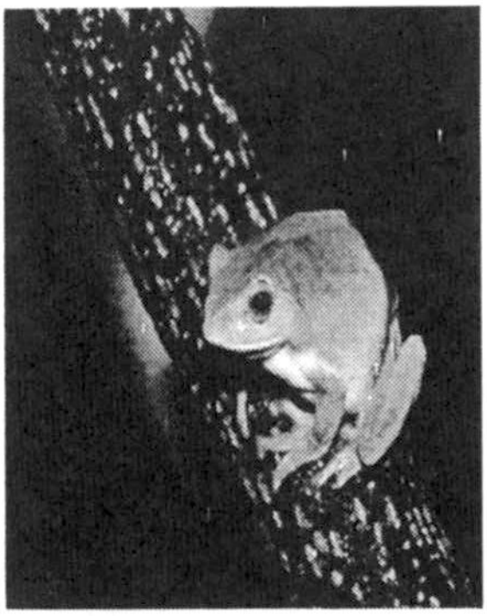

1-2 如何斷定及尋找對自己有利的旺運寵物

要斷定寵物是不是適合你？是不是會對你有利？一般會有幾種簡單的方式來斷定。

(一) 用感覺法來找旺運寵物

這是一般人常用的方法。也就是用直覺去感覺你所看上的寵物，去感覺你有多愛牠！有多想得到牠！另一方面你必須注重現實面，去感覺想像一下，當這個寵物加入你的生活之中時，你會有多忙碌，或有什麼樣的生活形式改變？例如：大清早須早點起床餵食，或為牠清理，才能去上班、上學。晚上也須早點回家餵食，以免寵物餓壞了。因此你的生活重心可能有較多的時間須放在寵物身上。倘倘家中有人能給你幫忙，那就太好了！你會輕鬆得多了！有較多的人為你分擔養育寵物的責任，你也會養得久一些。同時你對寵物的厭煩速度也會沒那麼快？那這個寵物也就真的能為你們帶來歡樂的旺運而成為真正的旺運寵物了。

(二)用五行和生日法則來找旺運寵物

有一位朋友想養一隻寵物狗，來問我，他適合養什麼樣的狗。我說根據你的命格你適合養白色、黑色、灰色的狗，而且個子不能太大的狗。假日時，牠就到寵物店去選狗了，可是當天那一家寵物店沒有白色、黑色、灰色的狗，只有三隻黃金獵犬，當時她就選了一隻表面看起來還蠻乖的狗，帶回養了。她說：我本來想養雪納瑞犬的，那種狗造形很好，也類似你所說的中小型的灰黑色的狗。但是那個狗店沒有，只有這種黃金獵犬。我想也差不多嘛！反正都是狗，就買回來了，牠大致上也乖，但破壞力很強，家裡的沙發、柱子、鞋子到處都咬壞了，十分讓人頭痛！到底是不是選錯了狗，讓我頭痛的？

其實狗在半歲左右或半歲以前都是愛咬壞東西的，須要用耐心去教導牠、管教牠才會變好。尤其黃金獵犬更愛玩，如果沒人陪牠玩，就更愛咬壞東西了。每個主人要先對想要養的寵物性格及生態先瞭解多一點，才不會有覺得選錯寵物的感覺與想法。

這位朋友因本命命格在遷移宮有貪狼化忌的緣故，環境中常有古怪變化，所以其人易做不按牌理出牌之事。也會常常選擇到不對的東西。例如她的命格中要水，所以適合養白色、黑色、灰色的狗，而不適合養土黃色的狗，土會蓋水。所以她雖然也很喜歡這隻狗，但總覺得辛苦麻煩，問題多多，遲早也會送人了事。

如果她能按照計劃養到白色、黑色或灰色的狗，或黑白花色的狗，她和狗的緣份會強多了，狗也不會難教，即使咬壞一點東西，她也不會心疼，反而會認為小動物在生長期，牙齒會癢，咬一咬東西是應該的了。相對的，黑白、灰色的狗也能為她帶來旺運。目前這隻土黃色的黃金獵犬就完全只會消耗，而沒有太大的意義了！

如何用生月、五行和顏色法則來選擇屬於你的旺運寵物

出生月在（農曆）	旺運寵物的顏色分析
春天 一月、二月生的人	適合養紅鸚鵡、紅貴賓、咖啡色的狗、貓、或土黃色的貓狗，以及紅色或黃色的魚，或是爬蟲類、鱷魚之類的寵物，棕色兔（彼得兔）
春天 三月生的人	適合養綠色的寵物，如綠蠵龜、綠鸚鵡、綠蜥蜴、綠蟋蟀、蚱蜢、綠蜻蜓、蝴蝶，也適合養彼得兔、蛇類、綠色小鳥。
夏天 四、五、六月生的人	適合養白色、黑色、灰色的貓狗、迷你豬。忌養咖啡色、黃色的動物，也宜養魚缸，魚類以白色、銀色、黑色的魚為主，儘量少養紅色的魚，不吉。也不適合養蜥蜴、鱷魚之類爬蟲類寵物。適合養小白鼠、刺蝟，不宜天竺鼠，迷你鼠。

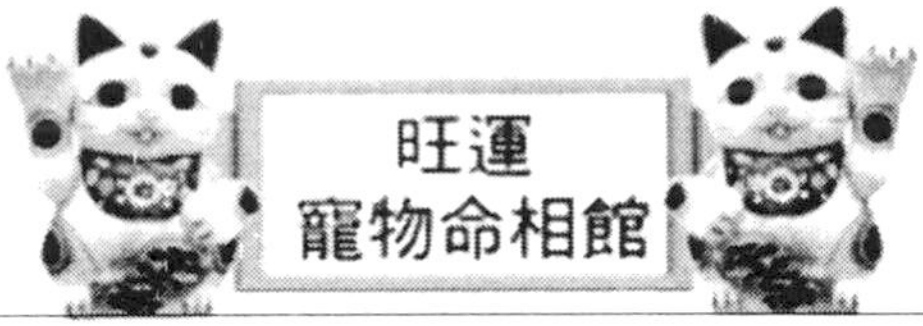

出生月在（農曆）	旺運寵物的顏色分析
秋天　七、八月生的人	適合養土黃色的寵物，如貓狗、黃色的魚，以及食火雞、珍珠雞、駝鳥、小鱷魚、蜘蛛、昆蟲等等。
秋天　九月生的人	適合養綠色烏龜（巴西烏龜）、陸龜、綠鸚鵡、綠色小鳥、綠蜥蜴、綠色昆蟲、蝴蝶等。
冬天　十月、十一月、十二月生的人	適合養紅色、咖啡色的寵物，會運氣好。例如養紅鸚鵡、紅貴賓狗、咖啡色的貓狗、臘腸狗、土黃色的貓狗，以及紅色的魚、金黃、錦鯉、或黃色的魚。

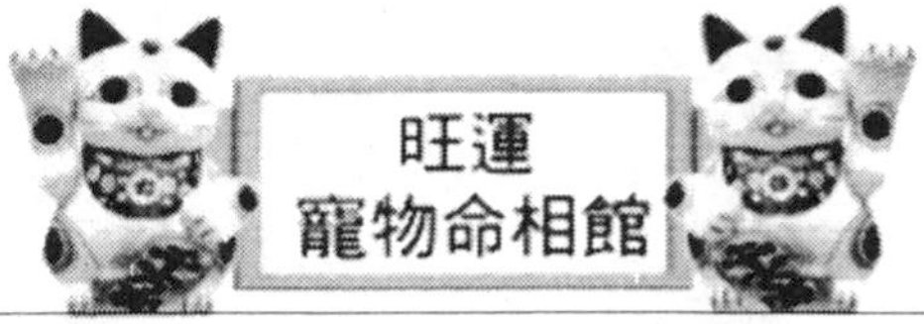

如果你喜歡用三合生肖來找有緣份的旺運寵物，亦是可以的

出生年生肖屬相	適合的旺運寵物
屬虎、屬馬、屬狗的人	你們最適合養貓、狗類寵物，及迷你馬、小鹿及紅色或咖啡色、土黃色寵物。
屬蛇、屬雞、屬牛的人	你們最適合養蛇類、鳥類、雞類（如觀賞的珍珠雞、孔雀、羽毛美麗的禽類）、小牛、小羊等溫馴食草類動物，以及爬蟲類、鱷魚、青蛙、駝鳥等動物。
屬兔、屬豬、屬羊的人	你們最適合養小兔子、迷你豬、小羊等食草類溫馴動物（或溫和的魚類、鳥禽）。

◎如何為寵物算命——

出生年生肖屬相	適合的旺運寵物
屬鼠、屬龍、屬猴的人	最適合養小白鼠、龍魚（所有的魚類、水族類）、小猴子。

*因為這些動物都是和你的生年屬相在三合位置的動物，磁場會較合，故會為你帶來旺運。

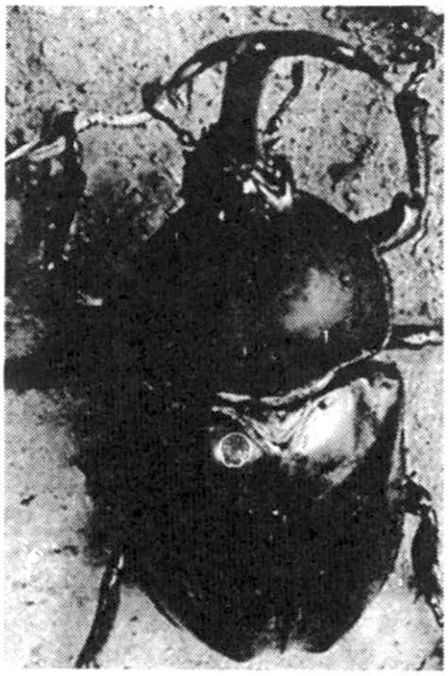

② 如何為寵物算命

首先我們要談一下『為何要替寵物算命呢？』

『為寵物算命』其實有一些好處：

好處一：為寵物算過命，可早點知道寵物是否和自己相合，是否能真正成為自己的旺運寵物！

好處二：為寵物算命，可知道寵物的性情和習性，可順應性情和利用方法來教育牠，能讓牠養成好習慣，來保持環境衛生，更能增加你和寵物間的親密感。

好處三：如果能早點發現自己和寵物的命格或五行不合，表示彼此緣份不深，先就不要養。不必硬要養了一段時期，發覺痛苦又丟棄牠，徒增孽緣，這也是不人道的，沒有天良的做法。某些丟棄的寵物，更會影響到生物界的生物食物鍊的平衡，會危害我們所生存的環境。例如某些以昆蟲、蜥蜴、鱷魚、食人魚或蝸牛為寵物的，便不能隨便丟棄，易影響生態環境，流浪貓狗也會造成環境的污染。

想要為寵物算命，有幾種方法。**第一種有寵物確定日期的出生日**，就十分好算了，馬上利用紫微斗數網上排命盤的功用，排一排命盤就能馬上解釋該寵物的命格、習性、脾氣了。

第二種當你完全沒辦法得知寵物的出生日期，其實你也可用一種較籠統的五行算命法，根據寵物其外形、長相、顏色、毛色來判斷說寵物和你是否相合？到底是否會為你帶來好運？

另外一種是用時間點的算命法，也能為你卜出寵物和你的緣份吉凶。

2-1 有確定生日年月日時的算法

為寵物算命，最簡單的是牠已有了正確的生日年月日時，像我自己家的小狗出生，因為是自己接生的，我都有為牠們記載出生時間。而且為牠們做記號，以後再用牠們各自的命盤來比對性格，就十分貼切了。

這種方式為寵物算命十分精準，就像為人算命是同樣的方

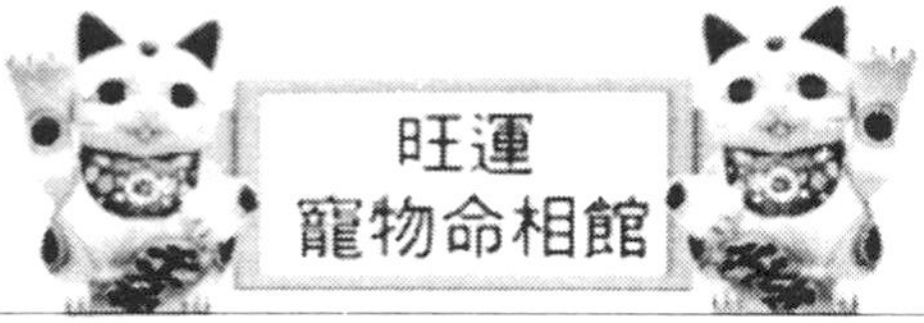

法，如果你自己家裡有寵物要生產，你也對算命感興趣，實在應該確實的來為寵物記載下生辰時間，做為日後為牠算命的基礎資料。

記錄生辰日時的方法

1 當小寵物要出生時，你要把紙筆先放在旁邊。小寵物出生一胎數量少時，如二、三個，你還忙得過去，否則要請人幫忙。首先要看新出生的小寵物有無特殊斑點可做記號，讓你好分辨。如果有的話最好！沒有的話，應把先出生的，記錄完生辰，再在其身上用簽字筆做記號，再等後出生的，再記錄其生辰，再做不同的記號。如果小寵物是小貓、小狗，一定要先擦乾其身上的黏液，或稍清洗擦拭後再做記號，否則記號容易掉，最好做在

腿上。

2 因為中國算命所用之時辰為二個小時為一個時辰，故在同一個時辰內出生的小寵物都會有相同的命格。

時辰的算法

子時	夜23:00～凌晨0:59
丑時	凌晨 1:00～2:59
寅時	3:00～4:59
卯時	5:00～6:59
辰時	7:00～8:59
巳時	9:00～10:59
午時	11:00～12:59
未時	13:00～14:59
申時	15:00～16:59
酉時	17:00～18:59
戌時	19:00～20:59
亥時	21:00～22:59

有一位朋友開水族館，他知道夜裡有小魚將孵化了，於是守在魚缸旁記錄時間，後來他把小魚的生辰時間給我看，我看了以後告訴他，這一缸小魚很帶財，會讓你賺很多錢。過了一陣子，他來告訴我，真的賣出了一個好價錢，讓他大賺一筆。日後他就更熱衷為小魚、小蝦來記錄孵化時間了。

在天道循環之中，原本就會有好時間和壞時間之分。人命有出生在好時間的，因此人容易成功或享到福氣。出生在壞時間的，則多遇災難，或人生坎坷，道路崎嶇難行。算命就是算時間！算出好時間來使生命得到祥和，使做事順利一點。

3 在你為寵物紀錄生辰時間，與為牠命算命時，其實主人的運氣更重要！如果主人的運氣好，在你家出生的寵物也都會是好命旺運的寵物。如果主人的運氣不佳，在你家出生的寵物就會是命格不算太好的寵物了。不過，你若是養了很多隻寵物，有一、兩個普通命格或命格不佳的寵物，有好命寵物的帶領支撐，同類寵物有群體性，因此大家也都成為了旺運寵物，而沒有什分別了。例如我家養了十隻狗，Mary 是七殺坐命申宮，遷移宮為紫府，牠從來不坐在地上，一定要坐在沙發上，而且要坐在主人旁，很有威嚴，高高在上，也很忠心的為家裡做事，別的狗也很服從牠。有兩隻狗是廉府坐命的，有兩隻狗是太陰坐命的，很黏人像小女生。琳達和牠的兒子都是天同坐命的狗，胖嘟嘟的很會享福。生下來就會翹著二郎腿很可愛，牠們都是最老的貝蒂的子孫。但有胎生出一隻小狗，生出來就不動，我將牠放在掌心，拍打了半小時，牠居然活過來了，因為腦部缺氧太久，因此牠後腿僵硬，行動不正常。我叫牠阿曼達，因為牠反應慢，但聽到吃飯和叫牠名字，倒是跑得很快的。空閒時我幫牠排了命盤，牠是天

機坐命亥宮，命格中只有父母宮好，主人就代表父母宮了，所以我一直很小心照顧牠。牠是上一個狗年生的，現今已十三歲了，真不容易呀！

因為其他好命的狗多，因此牠也十分幸運的存活了下來，也並沒帶給我們太多的麻煩，我讓牠在屋子裡跑，讓牠運動，所以牠仍能健康的活動。

4 把小寵物的生辰年、月、日、時，上網或用算命軟體印出命盤後，就可開始為小寵物算命了。

如果小寵物的命宮有紫微、天府、天相、天同、天梁、太陽、太陰、武曲居廟這些吉星時，表示寵物性格溫和，很好帶養。**命宮是紫微的**，會人見人愛，會尊重牠，不會隨便罵牠，牠會受到很好的待遇，牠的自制能力也很好，不會隨便做惹人厭的

事。也容易接受教導。**寵物命格中有武曲居廟、天府、太陰居旺這些財星時**，表示寵物是會為你帶財來的。牠會直接或間接的使你受利，命格有太陰星的，會特別重感情，有小女兒或女性化的黏人之態。**命格有太陽星的寵物**，會傻呵呵的寬宏大量，你罵牠、處罰牠，過一會兒牠就忘了痛，又靠到你身邊來撒嬌了。如果命格是太陰星的寵物，雖很黏人，但會記仇。只要你罵過牠，打過牠，牠很久都不靠近你，你一直逗牠、牠也不來。

命宮是天梁的寵物，跟人一樣，很喜歡管別人家閒事，自己家的事不做好，又有老大的架勢，東管西管的，也會照顧別人，但有些嚕嗦。

命宮是天同居旺的寵物，會胖胖的、很懶、很會享福、好吃、好睡的，又愛玩。是好玩的事，牠才學，不太肯學是工作的事情。

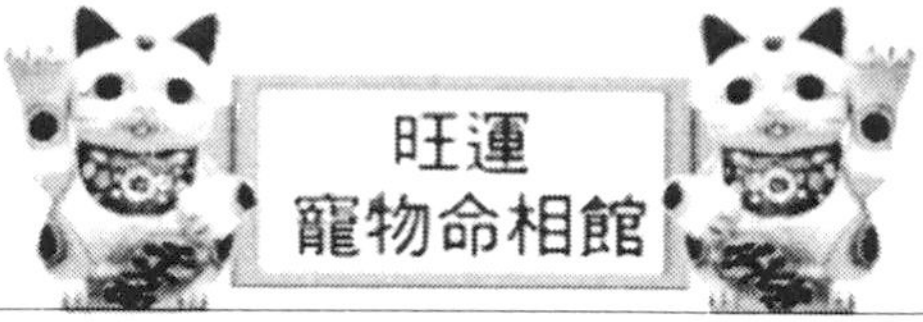

命宮是七殺坐命的寵物，因遷移宮都有一顆天府星，表示其所處的環境一定是富裕的環境。相對的說，你家一定要富裕，牠才能待在你家，否則便易死亡或走掉。牠一定會去富裕的家庭，相對的說，牠如果到你家來，也一定會帶財給你家，使你家富裕。這就像七殺坐命的人一樣，一定要有好的環境，牠才能生存一樣，牠也會幫家庭帶財來。

命宮是破軍的寵物，牠容易破壞、消耗很多東西，使主人花費增大，牠也不易管教，很容易惹禍或跑出去不見了。

命宮是貪狼的寵物，只要不是廉貪，大多數愛交際、圓滑、喜往外跑，與主人若即若離，很難掌握，但牠會為你帶好運來，牠會長相可愛，是名符其實的旺運寵物。

命宮是廉貞的寵物，容易做沈思狀、較陰險，咬住獵物死不鬆口，其外型易是紅色或紅咖啡色。

命宮是天機的寵物，會特別聰明．而且喜歡自做聰明，要看主人的命格是否和牠是同系統的。例如主人的命格也是天機或太陰、天同或天梁等命格的人，主人會喜歡牠的聰明而不嫌牠煩。如果主人是紫微或廉貞，或武曲坐命的人，或是殺、破、狼命格的人，則不會喜歡此種寵物，因磁場不一樣，而覺得牠自做聰明而十分討厭了。

命宮是巨門的寵物，會特別咶噪、愛吵、愛叫，讓別人注意牠，引起是非，或亂咬人。如果主人是『機月同梁』格的人，還會容易忍牠，為牠解決麻煩。如果主人是紫、廉、武或殺、破、狼格局的人，就一定會將牠送走，送給別人，受不了了！

命宮是擎羊的寵物，表示該寵物身體上會有傷，或身體有缺陷，其脊椎骨，及左半邊身體上、左邊手、足會有問題。此種寵物本身活不太長，牠對人攻擊力強，而且也會帶給主人災禍、麻煩，這是會刑剋主人的寵物。

命宮是陀羅的寵物，表示該寵物動作慢、反應遲鈍、較笨，身體也易殘缺，尤其牙齒易斷裂，或右肢傷殘，此種寵物也會不利主人。

命宮是火星、鈴星的寵物，表示其有古怪聰明、脾氣壞，容易是紅色的寵物，也容易製造災害，或不易久養，容易有毒性。

命宮是天空、地劫的寵物，表示是頭腦空空的寵物，也不帶財也無用，是養來多餘的寵物，易遭人拋棄，命不長。

命宮有化忌星的寵物，表示是容易招是非，而且是不帶財，容易耗財、麻煩多的寵物，也容易遭棄養。

2-2 如何看小寵物是否和你磁場相合？

看磁場相合有幾個方法：

一、用紫微命格來看磁場相合

前面說過：你若是命格中有紫微、廉貞、武曲或七殺、破軍、貪狼的人，則和相同命格的寵物會磁場相合，因此寵物也是紫、廉、武、殺、破、狼的命格則和你十分相合，你們會感情較深，想法一致，寵物會特別聽你的話，接受你的教導。如果家中有天同、太陰、天機、天梁命格的人，則寵物和他們則沒那麼親密。這是磁場不相同的關係。

相對的，主人是天機、天同、天梁、太陰、太陽、巨門坐命時，則要養同是機、月、同、梁、陽、巨命格的寵物，才會磁場相合，快樂幸福的一起生活。如果養錯了寵物，則內心總會有一丁點遺憾的。

二、用八字看磁場相合

用寵物的出生日的干支來和你的出生日干支來對八字，如果寵物的出生日為乙日，而你是庚日出生的人，乙庚相合，則天生磁場相合，你和寵物會十分投契，相互寵愛。

※要查出生日的干支，請查萬年曆。

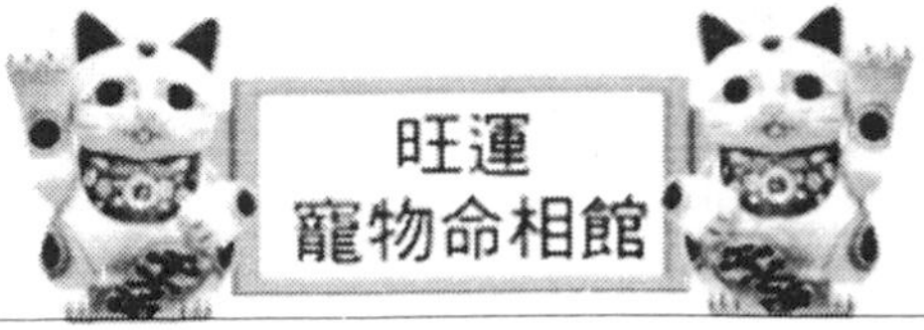

八字日干相合的種類

甲己相合

乙庚相合

丙辛相合

丁壬相合

戊癸相合

※此八字日干相合的種類，用在人或寵物身上都是可以共用的。

三、用顏色、五行來看和寵物磁場的相合，這要放到後面一章才講了。

倘若你的生日日干和寵物的生日日干相同

倘若你能確定寵物的生日（例如寵物是自家的母貓、母狗所生的）查萬年曆發現，又發現到你本人的生日日干和新生寵物的日干相同的話，則你們也會磁場相同。但如果你硬脾氣，則此寵物也會有硬脾氣。你則要注意管教問題了。

例如說：假如你是庚辰日生的。而新生寵物也是庚子日或庚寅、庚辰日、庚午日、庚申日、庚戌日等等日所生的，日子的天干和你相同，都有庚字，就表示是日干相同，則也能算是磁場相同。但你和寵物的命格並不會一樣，因此只能算是磁場是同類而已。不過你們在某些性格上會一樣，或看事情的價值觀會一樣，也能算是磁場相合而能相處愉快了。

※所謂『看事情的價值觀一樣』，是指你當你教導寵物學技藝時，牠會覺得你教的很對，很樂意學習，很快就學會了。倘若寵物和主人的價值觀不一樣，你怎麼教寵物都教不會，因為牠不肯學，也無心學。

由日干支來看性格強弱固執

倘若你自己的出生日是乙酉日，是乙日，而寵物的出生日是甲日，假如算是甲寅日。則寵物的性格較強勢、寬宏，而你的性格會較弱而固執。如果寵物是狗，你帶牠出門，常是狗拖著你在跑，牠對什麼有興趣，就要跑過去看，完全不理會你的訓斥、叫喊。倘若你是甲日出生的，無論是甲子日、甲寅日、甲辰日、甲午日、甲申日、甲戌日都行，而寵物是乙日生的，無論是乙丑日、乙卯日、乙巳日、乙未日、乙酉日、乙亥日都行，則你會很強勢，管得住寵物，牠會較服貼，有時雖固執、頑固一點，有時也不想聽話，但最終還是會服從。這是因為陽日出生的生物或動物會壓制陰日出生的動物或生物的原理。甲日、丙日、戊日、庚日、壬日出生的人或動物，算『陽日出生』的人或動物。而乙

◎如何為寵物算命——

日、丁日、己日、辛日、癸日出生的人或動物，算是『陰日出生』的人或動物。

陽會壓制陰，陰會臣服於陽，陰陽也能相吸引，相制衡，這就是陰陽五行的道理了。

3 用五行和外表長相為寵物算命的方法

在我們買寵物時，常常連寵物店老闆也弄不清寵物是幾月幾號生的，只有大概的周數或月數，那這樣要如何替寵物算命呢？

當然有辦法算囉！

我們可用寵物的外表長相，和顏色所代表之五行來為寵物算命。

◎如何為寵物算命——

五行就是木、火、土、金、水。

五行所代表的顏色：

- 木——綠色
  - 深綠色——甲木
  - 淺綠色——乙木
- 火——紅色
  - 大紅——丙火
  - 淺紅——丁火
- 土——土黃色
  - 深土黃（咖啡色）——戊土
  - 淺土黃（淺咖啡、米黃色）——己土
- 金
  - 白色——白色
  - 金色——金色
    - 白色、金色——庚金
  - 銀色——銀色——辛金

水

- 黑色——黑色 → 壬水
- 深藍色——海水色 → 壬水
- 淺藍色——（粉藍） → 癸水
- 湖水色——帶綠的藍色 → 癸水
- 灰色——深灰、淺灰 → 癸水

首先要注意：

當我們用五行算命法替寵物算命時，主要是算眼前這個寵物會不會與我們（或當事人、主人）磁場相合。因此，我們必須先知道自己的『八字喜用神』。

『八字喜用神』中會代表你的喜用、宜忌的方位和顏色。因此你根據此所需要的顏色來判斷寵物是否適合你，是否會和你磁場相合。

※你欲知道自己的『八字喜用神』是什麼?可問你的算命師

◎❸用五行和外表長相為寵物算命的方法

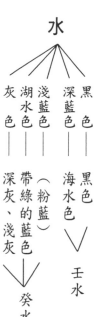

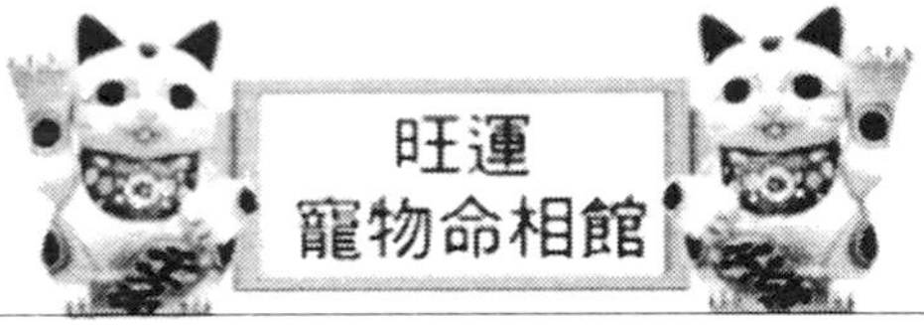

或者請參看法雲居士所著《如何選取喜用神》。

◎**『喜用神』是每個人都必須知道的**，屬於個人的、專屬的、對自己最有用的、能讓自己可掌握旺運的五行方位與顏色了，你買房子看方位須要它，你穿衣挑選顏色助運需要它。你吃飯、飲食選蔬果來助運、維持健康也需要它。你要買車選旺運顏色，也需要它。因此在人的食、衣、住、行，生活上是缺其不能的！

◎**喜用神是從『生辰八字』中算出來的**，如果你覺得太難，自己不會算可請精通八字的命理師幫你算。

當你知道自己喜用神需要的五行時，就可換算成顏色及方位了。

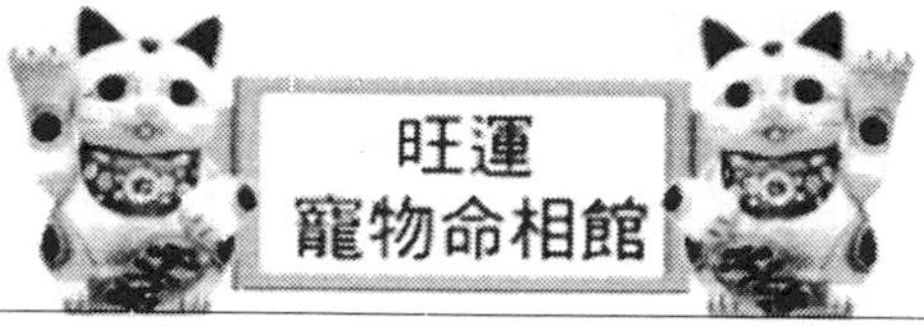

例如：

喜用神需甲木——為深綠色——東方。

喜用神需乙木——為淺綠色——東方。

喜用神需丙火——為大紅色、深紅色——南方。

喜用神需丁火——為橘色、淺紅色——南方。

喜用神需戊土——為深土黃（咖啡色）——中部、中間地方。

喜用神需己土——為淺土黃（淺咖啡、米黃色）——中部邊緣、中間地方。

喜用神需庚金——為白色、黃金色——西方。

喜用神需辛金——為銀色、鐵色、白金色——西方。

喜用神需壬水——為黑色、深藍色、海軍藍——北方。

喜用神需癸水——為深灰色、淺灰、淺藍色、湖水綠——北方。

◎❸用五行和外表長相為寵物算命的方法

◎如何為寵物算命——

※喜用神的顏色就是對自己最有利、最有用，能增自己旺運的顏色和方位。知道自己喜用神的顏色後，你就知道要挑選什麼顏色的寵物對自己最有利！最好！

其實，在中國命理上，大多把顏色分為木火系列、火土系列、金水系列等三種。

木火系列——深綠色、嫩綠色、紅色、粉紅色、橄欖色、咖啡色、紅中帶綠色、綠中帶紅。所有暖色系顏色。

火土系列——紅色、土黃色、咖啡色、暗紅色、紫紅色、紅咖啡、黑咖啡色。

金水系列——白色、黑色、灰色、銀色、金色、深藍色、淺藍色、粉藍色、粉綠、湖水綠色。所有的冷色系顏色。

所以事情就很簡單了，你要選寵物的顏色時，其實根據你的喜用神宜忌，你已有固定的旺運顏色了。例如你的喜用神需火，你選寵物時，可選紅色、紅咖啡、土黃色的寵物。例如要挑選狗的話，就可挑黃金獵犬、紅貴賓、拉布拉多犬、咖啡色柯卡等等，如果選貓就選黃色的貓咪。如果要養魚，就選紅色的魚或黃色的魚。不過，魚是屬於金水系列的寵物，你雖可用顏色來助運，但仍屬水火相剋、增運不多。

如果你的喜用神屬於金水系列，你則可養白色、黑色、灰色的狗、貓、魚類等寵物。如白色的牛頭犬（眼睛上有一塊黑色、白貴賓、白色馬爾濟斯犬、白色比熊犬、黑白花的大麥町等，或灰色的貓咪……

你一定在奇怪：那喜用神為木的，綠色寵物為其旺運寵物，綠色寵物會有那些了？

◎如何為寵物算命——

綠色寵物有綠色小蛇、綠色蜥蜴、綠蠵龜、巴西烏龜、陸龜等。還有綠色的鳥類、綠繡眼、青鳥等。

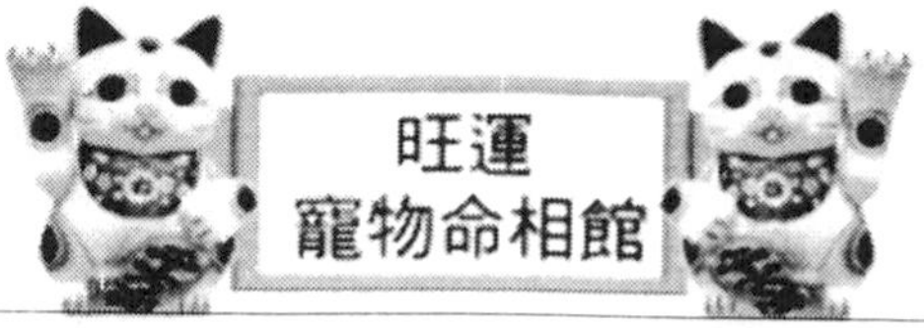

4 用三合生肖，找到你適合養的旺運寵物

地支與生肖對應表

子	鼠
丑	牛
寅	虎
卯	兔
辰	龍
巳	蛇
午	馬
未	羊
申	猴
酉	雞
戌	狗
亥	豬

◎如何為寵物算命——

申子辰	三合	猴鼠龍	三合
巳酉丑	三合	蛇雞牛	三合
寅午戌	三合	虎馬狗	三合
卯亥未	三合	兔豬羊	三合

因此，**當你的生肖是屬猴或屬鼠、或屬龍的人**，你養小白鼠、松鼠、天竺鼠，或養猴子、魚類、紅龍魚、水母、魷魚、蝦、蟹及五行屬水的動物做寵物都是較吉的。

當你是生肖屬蛇、屬雞、或屬牛的人，你適合養小鳥、駝鳥、養昆蟲、雞、孔雀，或養蛇、烏龜、小鱷魚、蜥蜴、養牛等等為寵物。

當你的生肖屬虎、或屬馬或屬狗時，你可以養各種貓類、養各種狗類，或迷你馬、梅花鹿、駱馬等等。

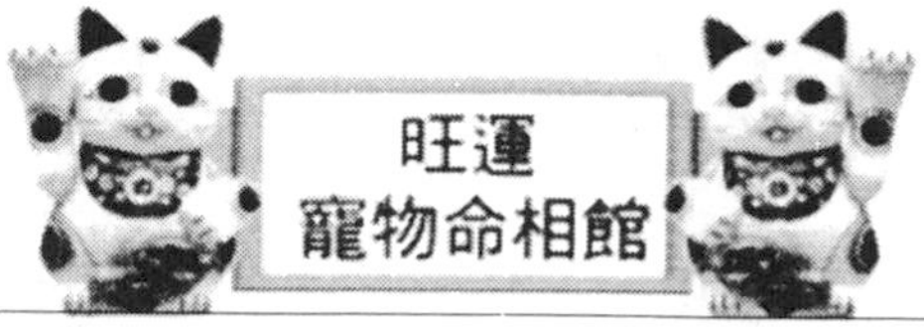

當你的生肖屬兔、或屬豬或屬羊時，你適合養小兔子、養迷你豬、小山豬，或養小羊。

※倘若你沒辦法養真實的、活的寵物，例如說：家中根本無法養一匹馬，或一頭牛、一隻羊，其實你可以用玩偶代替，這樣也能成為你的旺運寵物。

※某些人喜歡養昆蟲，或蝙蝠或蜘蛛，這些動物可歸類於那些生肖呢？

◎蝙蝠形似老鼠，歸類於『子』，屬鼠。

◎蛇蟲蟻皆歸類於『巳』，屬蛇。蝴蝶的前身是毛毛蟲，也是蟲類，蟋蟀也是蟲類，故也歸類於『巳』。

◎綠樹蜥蜴和小鱷魚、烏龜都和蛇是同種的，故歸類於『巳』，屬蛇。

◎貓，歸類『寅』，屬虎。

◎❹用生肖三合，找到你適合養的旺運寵物

◎如何為寵物算命——

◎所有的鳥類歸類於『酉』，屬雞。

◎所有的海產、水產的動物，如魚類、水母、魷魚、蝦、蟹、海星類都屬於五行屬水的寵物。

你可以根據以的類屬，找到合於自己的旺運寵物。

倘若你生肖屬狗，但並不想養貓狗類的寵物，而喜歡養鍬形蟲、獨角仙、天牛之類的昆蟲做寵物，那當然也沒什麼不可以的。只不過那只稱做是一般的普通寵物罷了！這裡，我們主要談的是『旺運寵物』，因此鍬形蟲是不能稱為你的『旺運寵物』的。又倘若你因研究鍬形蟲而得了什麼獎，覺得牠為你帶來好運，你要特別封牠做『旺運寵物』，這也是沒什麼不可以的！這也是說，你若喜歡養不是自己生肖三合的寵物，也無可厚非，牠會不會成為你的旺運寵物，則完全看個人感覺問題了。這裡只是提供給一般讀者在茫然時、不知要挑選那種小動物做寵物時候的一個參考罷了！

倘若你是生肖屬鼠或屬兔或是屬雞的人，你想養小貓或小狗做寵物，貓、狗並不是你的生肖三合屬性，那怎麼辦呢？到底吉或不吉呢？貓狗會不會給你帶來旺運呢？

其實，你也不必擔心太多！**只要選合乎你的喜用神相宜的顏色的寵物，就會為你帶來好運了。**好運是要自己去尋找、自己去努力工作而能得來的，並不是只靠一隻小寵物就能為你帶來天大的好運的。即使有寵物為主人帶來好運，也是要主人自己也運氣好，才能承受而發運的！因此也請一些寵物粉絲不要太迷信才好！

5 用你和寵物相見的時間點 來為寵物算命

很多人是在非常高興、有慶祝的意味的日子來買寵物的。恭禧你了，你十分聰明！有智慧！

有一些小朋友，考試考得好了，功課有明顯進步，父母給他的獎勵就是帶他去寵物店選一隻他最喜愛的小寵物。有些男朋友也在愛情甜蜜時，送女方小寵物來扮演爸爸、媽媽的角色。

在人快樂時、心情好的時候，就代表你在旺運時刻。自然也容易買到和你磁場相合、又漂亮、美麗、又運好的寵物。在人心情沮喪、生氣、傷心、頹廢的時候，就是運衰、運壞、運氣沈落底的時候。這時候衰運、壞運也會聚集在一起，要好長一段時間才能運氣上升、轉好。

所以！好的運氣、旺運運氣會吸引旺運的人、旺運的動物、旺運的事情、旺運的機會聚集到你身邊來。所以你在旺運時，高興時去選寵物就對了！你會頭腦清楚，深切的知道你自己喜歡的是那種寵物！決不會馬馬虎虎挑了一隻殘缺的、又病懨懨、活不長，或凶猛的，會使自己造成災難的寵物，你也一定會客觀的、周到的替寵物想到了日後生活的點點滴滴，而照顧牠十分周詳。**這是一個新的算命方式！**最主要的是要算算『你的寵物是不是你的旺運寵物』！

因此！**第一，你可以回想你和你的寵物的第一次初相見的時間、地點，以及你是為什麼（什麼原因）會在那個時間、空間出**

現的？又為什麼會擁有牠的？

倘若這些都是一些快樂的回憶，那就十分恭禧你！你的寵物絕對是你的旺運寵物了！

第二：倘若你和你的寵物有戀愛感覺，你的寵物雖不能算『第一旺運寵物』，但牠會隨你的運氣起伏轉動，你的運氣好，牠就是你的旺運寵物。如果你的運氣弱一點，牠也不會走掉，依然在你的身邊守候、陪伴，因此到你運氣又上升時，牠又成為你的旺運寵物了！

很多女生會和自己的寵物談戀愛、說情話的，簡直把寵物當做情人在對待。某些男生也會對自己的寵物體貼入微，訴說衷曲、煩惱。把動物擬人化了起來。倘若有這樣的狀況，寵物成為你感情的寄託對象，和你站在同一陣線上，磁場相合，自然你的寵物也必定是你旺運寵物了！

第三：倘若你和你的寵物有家人的感覺，牠也必能成為你的旺運寵物。

今年年初，快過舊曆年的時候，連著幾個寒流來，十分寒冷。我家巷子裡突然出現了一隻三條腿、有黑白花色的流浪狗，看牠飢餓的樣子，我把家中的狗飼料拿給牠吃，又在拌狗飯時多剩一碗，拿下樓去給牠。餵了幾次，後來只要我打開樓下大門，就已看到牠舔著嘴巴表示要吃飯了。我把牠帶到樓下院子裡餵食。

牠似乎曾經受過傷害，很怕人，一直躲，我也幾乎摸不到牠的身體，就這樣餵了幾天。說也奇怪，在那幾天寒流來的夜裡，我睡覺的時候，腦海一直浮現牠瑟縮的身影，和牠溫煦的、膽怯的目光，起先一直睡不著，後來又居然夢見這隻三條腿的黑白花的狗居然身手俐落的在我家客廳中跑來跑去，和我家其他的狗追逐玩樂，而且牠會像兔子一樣的跳躍，十分歡樂的場面，醒來的時候，覺得太讓人驚奇，不可思議了！便把夢告訴了女兒。

過了幾天，那隻狗一直和我有點親近，又有些距離，但本根本也無法觸摸到牠的狀況。我只好繼續在晚上擔心牠會凍死。

有一天假日，我吃完喜酒要回家，開車途中接到女兒的電話，居然說她已把牠帶上樓去，並為牠洗澡、整理清潔了。當我回到家中，看到牠時，牠已安坐在我家沙發上，雖還有些怯懦，但已儼然成為我家寵物的一份子了，說也奇怪！家中的其他狗也沒對牠排斥，只是有些好奇，一直來聞牠。

後來我也真的看到牠在客廳像兔子一樣的跳躍和其他的狗兒們玩樂，真如我的夢境一般。所以我早就有和牠成為家人的感覺，並且在牠加入我們的寵物家族之後，很多事都非常順利。我想牠也脫離了衰運期，進入好運期了，我們人自己的運氣也一直

不差，自然也能帶領牠成為旺運寵物的。

所以！當你和寵物的第一眼相識時，有家人親切感覺的時候，也表示你們能休咎與共，能像家人一般，好運、，壞運都能一起承受，有了這一層禍福同擔的體認，自然寵物會和你進入同一個磁場，相互認同，因此牠會聽你的話，不會為你找麻煩，只會為你帶好處與旺運來了！

第四：倘若寵物在你家或你身旁期間，你自己或家裡發生了什麼好事，表示你的寵物也會是你的旺運寵物。

俗語說：『不是一家人，不進一家門』。寵物也和你是一家人，再者，旺運會吸引旺運的人、事、物聚集過來。所以當你有旺運時，寵物也同樣會和你一樣有旺運，當你運衰時，寵物也可能受到影響。

我有一位朋友有偏財運，晚上牽著狗出外散步，看到社區在辦活動抽獎，於是參加摸獎。那一年剛好逢到選舉，獎品都很大、很值錢。他的運氣特別好，一摸就摸到頭獎，有新式的電視機。有好幾次，帶狗出去都碰到好運，買樂透也中了不小的獎金。沒帶狗同去，就一定沒中，所以他告訴我說，他家的狗也有偏財運。當他們兩個（他和狗）的財運加在一起，就會成為很大的偏財運了，爆發的能量大，就會中獎，就有好運！

我想狗也有偏財運，也是有可能的．其實狗也有生辰八字，只是我們人沒法得知確實日子罷了。如果有日子時辰，能印出命盤，自然能檢視出到底有沒有『偏財運格』了。不過，目前這位朋友和狗寵物合作無間的一起不斷試驗偏財運，其實也是不錯的消遣方法。至少狗寶貝是倍受恩寵的，又能為家中帶來旺運的好命寵物了！

第五：倘若寵物是可愛的人或你喜歡的人送給你的，自然也

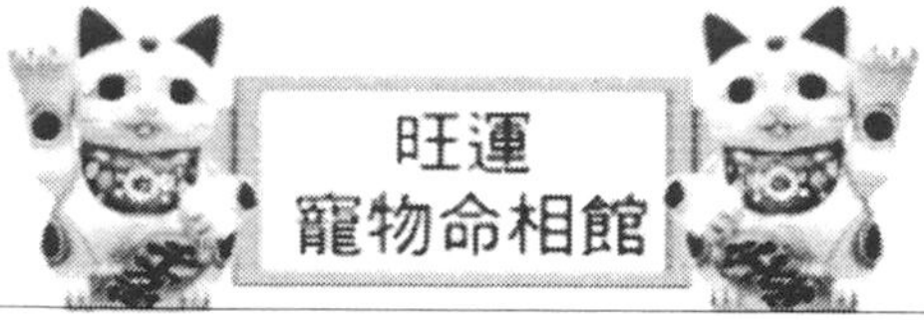

◎如何為寵物算命——

能成為你的旺運寵物。

在我小的時候，母親不准我們養寵物，但是有一天，有一個十分清秀可愛的小女孩，挽著小籃子敲我家的大門，母親去開門，小女孩很有禮貌的說明自己是我小弟弟幼稚園的同學，叫什麼名字，家裡的大狗生了小狗，她看我的小弟弟也十分喜愛狗，因此帶一隻小狗來送他。

母親見這小女孩可愛又有禮貌，十分討喜，便接受了這個禮物，我十分驚訝一向嚴格的母親為何會改變心意？母親居然說：『有一個小天使送寶貝到你家，這當然是一個寶貝囉！』以後這隻小狗就名叫寶貝，也一直在我家過著寶貝的生活，伴著我們兄弟姐妹成長，成為我們童年最美好的記憶。

因此！送你寵物的人是非常重要的，他如果是個可愛的人，或是你特別喜歡的人，自然你愛寵物的心也會多一些，寵物愛你的心也會多一些。寵物也自然能成為你的旺運寵物了！

第六：倘若你要去選寵物，一定要用自己的好時間去選寵物，就能看到你的旺運寵物，這也是要選擇你和寵物相見的時間點為旺運時間的關係。

如何尋找你的好時間呢！前面說過了，選你非常高興、快樂的時候，就是你的好時間。**倘若心情很平穩、沒有大喜大悲的情緒，又如何看好運時間呢？**

最好就要印自己的命盤出來了，上網去找能印紫微斗數命盤的網站，輸入自己的生日時間（金星出版社網站上排有免費印命盤）命盤印好後，觀看尋找：

有紫微（包括紫貪、紫殺、紫破、紫相、紫府）的時間。

有天府、天相、天同（不能是同巨、同陰在午宮）、太陰居旺的時間。

◎如何為寵物算命——

有天梁（不能是天梁在巳、亥宮，或申宮）的時間。

選上述這些星坐落的宮位，看是那一宮，例如是子、丑、寅、卯……等等。子宮就代表子時、丑宮代表丑時，以此類推……

你當然不會在夜間去買寵物，也較少在大清早去買寵物。多半在下午或晚上去買寵物。因此要看上述有那些星曜是落在未宮、申宮、戌宮、亥宮的。

未宮代表下午一時正至三時前。

申宮代表下午三時正至五時前。

酉宮代表下午五時正至晚上七時前。

戌宮代表下午七時正至晚上九時前。

亥宮代表晚上九時正至十一時前。

很多寵物店在戌時（晚上九時）便要打烊了，所以如果你的命盤上如果有紫殺在亥宮的話，表示亥時是好時間，你又想用這個時間去買寵物的話，可事先與寵物店老闆商量，請他晚點打烊，讓你挑選寵物。

選自己的好時間去買寵物，自然運氣好能挑選到對自己有利的旺運寵物了。

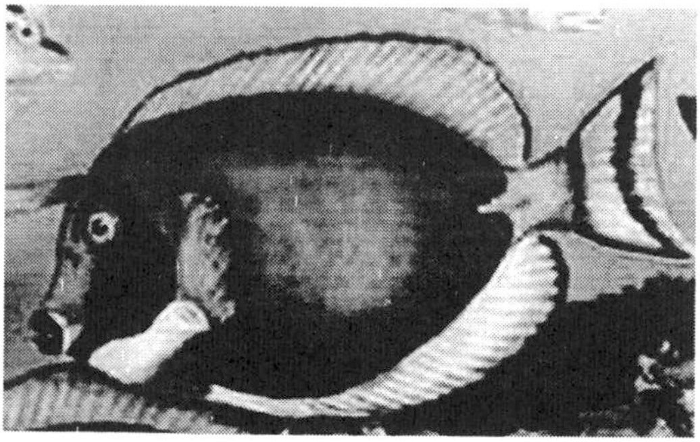

⑥ 寵物也有運氣和帶財、不帶財的問題

只要是活著的生物都有運氣！自然，寵物也和人一樣會有運氣，通常我們到寵物店去，要如何來觀看及斷定該寵物的運氣好壞呢？

其實方法很簡單。

一種是看外觀、皮毛或外型。二是看眼睛。三是看活動力。

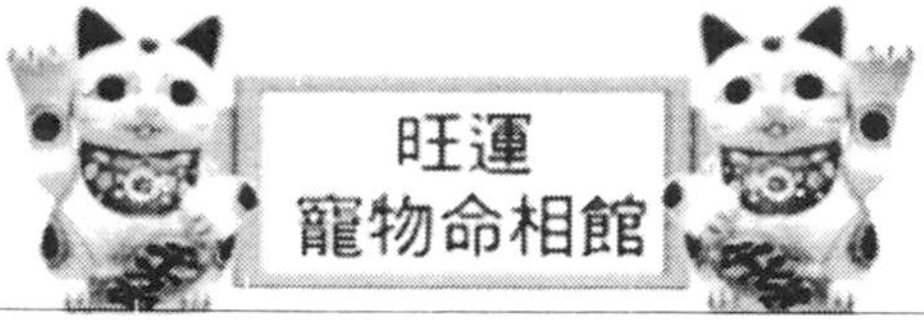

由寵物外觀、皮毛或外型看寵物的運氣

寵物的外觀、外型最能顯示出寵物在你來看牠、選購牠，要養牠之前所過的一段生活是好？是壞？也代表牠在你看到牠之前的日子運氣是好是壞？

如果寵物的外觀很完整，沒有缺少肢節，或皮膚、肢體無病變，則表示之前的日子過得不錯。亦表示之前運氣還很好。這個寵物自然是能成為旺運寵物的。尤其是昆蟲類、爬蟲類的寵物，尤其要注意肢體完整，以及身體色澤上的自然、發亮（是一種有生命的亮度、不是打過臘的亮），如此就能知道，之前一段日子中牠是有受到好好照顧的，也是運氣不錯的了。

倘若是有皮毛的寵物，例如貓、狗、兔子、小白鼠、天竺鼠、松鼠、羊咩咩、迷你豬等，要看毛色是否柔順、光亮，或者要檢查是否有皮膚病。有皮毛的寵物在身體不適的時候，快要生病的時候，會毛炸起來（毛向外刺出），毛不順，或像稻草枯黃，像人披頭散髮的樣子，或是病懨懨的樣子。這樣就是寵物運氣不好的時候了。這也表示牠之前的日子過得不好，沒受到好的照顧，如果是毛色柔順、光亮，寵物的精神也不錯，則此寵物的運氣就是不錯的。

由寵物的眼睛看牠的運氣好壞

由寵物的眼睛最能看出寵物的運氣好壞了。除了蜻蜓有複眼，很難由眼睛看其運氣好壞（可由身體狀況來看），大多數的寵物的眼睛都可看出其生命力和運氣的好壞。例如某些蜘蛛，你也會發現牠正在看你喲！當然魚類、鳥類是更容易，而且必須要

◎如何為寵物算命——

由眼睛來看其運氣的。

當寵物的眼睛靈活轉動、晶亮、有活力、眼光溫馴、柔和，而且有時會帶有笑意時，表示該寵物運氣很好。之前一段時間、時日，牠生活的尚稱滿意，因此寵物在心態上是柔順的、願意和人接觸，也願意接納人的，這是最好的現象了。你接手過來養此寵物，就會得心應手，和寵物能心靈溝通。因為牠會打開心房，讓你來瞭解牠的需要，牠會很安心的依賴你而生活。寵物的運氣好，你的運氣也好，自然你很容易的成為養寵物的達人了！

如果寵物的眼睛深邃、憂鬱，或呆滯，不想看人，或是眼露凶光，隨時有警戒或作攻擊狀態，表示該寵物之前所受之待遇不佳，運氣不好。某些寵物蛇、蜥蜴之前被捕捉，受到驚嚇，容易有這種狀況，只要給牠安定的生活環境，牠也能露出和煦的眼神出來。

如果是貓狗等寵狗，則要注意牠是否已生病嚴重，要看牠的病治不治得好？或是對人極度不信任，如果有這種狀況，就算你再喜歡牠，你們的磁場不合，不要太頑固的要養牠，否則會鑄成大錯，不是養死了，就是寵物太凶惡、傷害了自家人。

由寵物的活動力看寵物運氣

寵物的活動力強，就代表生命力強。生命力就是運氣的基礎根本。當然，運氣也是極強的了，也就有資格做『旺運寵物』了！寵物的活動力不強，生命力就較弱，運氣也會弱！

有的時候，寵物的活動力要看時間，例如貓在夜間活躍，狗在白天活躍，晚上要睡覺。很多昆蟲、爬蟲類、夜間動物要晚上才有活動力，白天則不太動。因此你要先瞭解一下動物的生態。

◎如何為寵物算命——

例如選寵物貓，或夜間活動的寵物，則宜晚上再去寵物店購買，選購寵物狗或白日活動的寵物，則在白天去選購，才能真正看出寵物的運氣出來。

另外，溫度的高低也能影響寵物的活動力。例如屬於溫帶、熱帶的動物、昆蟲，在寒冷的天氣下，活動力會減弱。屬於寒帶的動物如哈士奇狗，或阿富汗長毛犬，或企鵝寶寶，在太熱的氣溫下就不想動了，有時候容易中暑、熱死。因此，因你要看你是夏季、冬季去買寵物，也要考慮到該寵物的本能活動力，以及受限條件，否則你也很難瞭解該寵物的運氣好壞了！

絕大多數的動物、生物都在春、秋二季交配生出下一代，夏季、冬季是比較少在出生的。貓狗也是一樣，多半在春、秋二季發情生產下一代。因此你要選運氣好的寵物，也最好在春、秋二季去挑選，才能真正挑選到旺運寵物。現在某些貓狗生理期較亂，也會在夏季、冬季生產出小貓、小狗，但這些小貓、小狗的體質會較弱，相對的運氣就沒那麼好了。

寵物也有帶財和不帶財的問題

寵物和人一樣，有出生時間年月日時，形成一個『十字標的』的。所有的『時間標的』都有好有壞。好的『時間標的』必定帶財。不好的『時間標的』不但無財，亦可能帶災禍。所以寵物和人一樣，實際上是有生日（出生日）是有時間上的好壞之分的，也和人一樣，有些是命中帶財的，有些是命中不帶財的。

倘若寵物是在你家出生的，你也紀錄下出生時間，印一下命盤，立刻便知道牠是否帶財了。只要命宮有紫微、天府、天相、太陰、化祿、武曲、貪狼在旺位的，就會帶財。

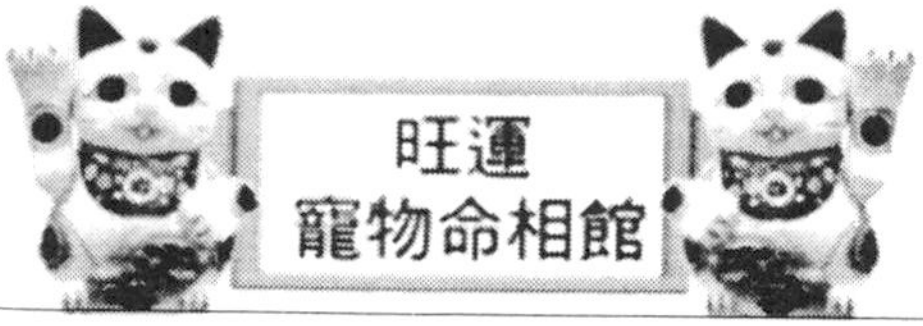

◎如何為寵物算命——

不知道寵物生日的，下面會告訴你怎麼看！

命中帶財的寵物是什麼樣子的呢！

命中帶財的寵物就是如上述所說是運氣好的寵物，又能和主人貼心又能帶正面的、好的磁場，旺運的機會或財利給主人的寵物，是命中帶財的寵物。

正如我在序中所提到的那隻黑白花七殺坐命的小狗就是命中帶財的狗寵物一樣。又如前面所提在魚店老闆中所孵化的那缸魚也是帶財的寵物一樣。

如何斷定自己的寵物是否帶財

一般我們由人的面相看此人會不會帶財的時候，不外乎幾個原則，這是和一般老闆或企業用人時面試時，用人的準則相同的看法。

現在，你要挑選寵物進入你的生活圈了，自然，你就成為寵物的老闆、上司了，所以你也可用這一套方法來挑選帶財的寵物，給你的生活裡增加生力軍。

帶財的寵物應注意下列幾點：

一、應注意寵物外型的完整和外貌儀容所表現出來的性格必須溫馴。

二、應注意寵物在溫馴安靜時，仍會精神好，眼睛亮，會咕嚕咕嚕轉，毛皮看或肢幹皮膚發亮，生命力旺盛，而不是病懨懨的，動不了的樣子。

三、應注意寵物不會狂叫、狂咬、狂竄、衝撞，或易受驚嚇，或發抖不停，或極欲要掙脫逃出你的視線或牢寵。這種狀況，大多寵物與你無緣。除非你有方法安撫牠，撫摸牠或能讓牠獨處一下安靜下來，暫時不要打擾牠，藉由餵食時再與牠接觸，慢慢培養熟悉度，你才能養牠。如果是貓狗等寵物，是可以由第一次見面就觀查出你和寵物的緣份的，貓狗等寵物願意你抱、讓你撫摸牠，在你的懷裡很安逸，就表示牠能認定你了，也會與你有緣了，自然也會是你的帶財寵物。**感情、緣份都是一種財**。如果牠不讓你抱，一直要掙脫逃走，就是無緣，牠不太喜歡你，或怕生，你多去看牠幾次，熟一點牠也會漸漸讓你抱了。倘若一直不讓你抱，會怕人，愛躲起來的貓狗易不帶財。至少牠對你沒興趣，是不想帶財給你的。

二十多年前，我們家的狗生小狗太多的時候，也曾賣過小狗，當時我都是讓小狗自己選主人。非常奇怪！很多小狗很頑皮，但抱給牠喜歡的主人時，就十分乖巧、舒服的躺在未來主人的懷中了，自然這隻小狗就倍受寵愛的給主人帶回去養了。後來也常接到這些主人打電話來頻頻誇讚他們家的小狗的可愛。

其中有兩隻小狗很皮，牠們是一對姐妹，每次在家裡玩很很瘋，很會玩、又活潑，胖嘟嘟的，很可愛。但每次有人來要看狗，想買狗的時候，把這兩隻小狗抱出來，牠們就賴在地下軟塌塌，好像癱瘓了一樣，也沒法子走路了，幾乎也站不起來了。

買主一看！哇！這兩隻狗好像有病嘛！自然不想買了。只要買家一出門，這對姐妹花馬上生龍活虎起來，在屋內跑來跑去玩得很開心了。我們家每隻狗出生都有記載生日時間，這兩隻狗都是廉府坐命的狗，命宮有天府，也都是命中帶財的狗了。這兩隻狗太聰明了，一直到三個月大都一直用這種我稱之為『殭屍癱瘓法』不肯被賣出，自然牠是覺得在我家太好玩了，所以我也就將牠們留在家裡養了，牠們一直活了十幾歲，也陪伴我十幾年的好光陰。

我這裡要說的是：寵物們其實也有牠們的第六感，會去尋找牠們該去的家或窩。俗語道：『不是一家人，不進一家門』寵物其實就是小孩的化身，自然也包括在一家門之中了。

四、如果你看到寵物的眼睛和你對望，有『心有靈犀一點通』的感覺。你就會知道你和寵物有緣，牠也是帶財的寵物了。

寵物只會在非常信任你的時候，露出渴望你知道牠在想什麼的眼神。而你如果真的瞭解寵物的需要，就能和寵物相互對望而心靈相通了。日後寵物雖不會開口講話，但你仍會知道寵物此刻想要什麼？餓了、渴了、冷了、熱了？或是環境太髒了，需要整理，或是想出去玩……什麼的……你會和寵物心靈、感情很接近。因此你也會成為養寵物這方面的技術達人了。

◎❻寵物也有運氣和帶財、不帶財的問題

◎如何為寵物算命——

7 命中帶財多的主人也能造就帶財多的寵物

前面我們一直由人的觀點來論斷寵物是否帶財來蔭旺我們主人的運氣。這由『民胞物與』的觀念來看，似乎是不太公平的。因此現在我也再談一個做主人的人，也能造就寵物財多的例子。這也就是說：只要主人自己命中有財，就會用觀念能生財，自然也會養到能生財多的寵物了。

去年夏天我到一個老同學做客。這個同學晚婚，所以子女很小，有的上小學，有的上幼稚園。當時老大才上小學四年級，每天拿著一個紙盒子，裡面裝著昆蟲，天天唸唸有辭的，希望要把

◎如何為寵物算命——

昆蟲賣了賺錢，他的父母也是做生意的，是當地陶藝公會的理事，看到小孩這麼愛賺錢一直覺得好笑。我很喜歡小孩，也對他們的東西感興趣，原來盒子裡養的是鍬形蟲，而且他們家附近就是三義的山區，在夏季有許多鍬形蟲，在山間晚上道路上就能撿到許多，後來他們也帶我去參觀了山間道路，撿拾鍬形蟲的狀況，這個小朋友小翔對鍬形蟲的生態也能如數家珍，於是我向他建議製作網站，在網上賣鍬形蟲，並且告訴他，如果他對昆蟲有興趣，其實也可向其他昆蟲發展，一樣都能賣錢。小翔也在學校電腦課學過做個網頁，沒多久網站成立，開始賣鍬形蟲，從十元到五十元到一百元都賣過，那個夏天他居然賺了一萬多元的收入，對他來說，真是發了一筆不小的財。現在，聽說昆蟲種類更增多了，因此鍬形蟲就成了他的帶財寵物了。你說是不是，主人命中帶財多，就會愛賺錢，但也能創造出帶財的寵物呀！

8 你適不適合養寵物

看到此章的題目，你會想：

到書都看了一半了，你才來講『人到底適不適合養寵物』，是不是太晚了呢？

一點也不！常常要自我檢討的事，都是大家不喜歡又必要的事。這是忠告，自然放在後面講較佳。

講到『適不適合養寵物？』一般人都會以自己住宅的環境，和家人是否允許，以及自己喜不喜歡養……等大致三個條件來衡量。當然！這樣也對！但是從命理的角度來看『到底你適不適合養寵物？』這件事會更能測量自己的愛心有多少？耐心和性格、情緒起伏的空間有多大？以及也更能預測出你和寵物之間的親蜜度，和寵物到底能帶給你多少好運？你又能如何和寵物相依到老（寵物會老）……等等的問題。

要檢視『自己到底適不適合養寵物？』首先要看自己紫微命盤上的『子女宮』。『子女宮』是養育子女、愛護晚輩，對待後人或對待比自己卑微的人的惻隱之心的宮位。某些人把寵物當做自己的兒子或女兒一般看待，當然也更貼切了。『子女宮』就能表達你對子女、晚輩，或寵物，或後代親人的愛心。

其次呢！要看『遷移宮』，遷移宮是指你的外在環境，要看會具有什麼樣的先天環境。有的人受環境的影響很深，例如有的人常搬家，而無法養寵物，或是養一養寵物就遺失了，或自己根本就不管了，自己搬走了。小狗、小貓很像小孩子，小孩子失去了父母又如何生活呢？

再其次，應該要看一下你的『田宅宮』。田宅宮雖是看你擁有的房地產、財產的宮位，也是看你的財庫是否豐滿的宮位。但是田宅宮亦能看出在你的家中會住那些人，家人的相處模式為何？親不親密？和不和諧？家裡會不會有怪人出現？家裡祥和的，也會養些乖巧討喜的寵物。家裡險惡不和的，未必會養寵物，就算養了寵物，也易養較稀有、凶猛之獸類或生物為寵物。

倘若再嚴格一些，你應再檢視你的夫妻宮及福德宮，命宮等宮位或財官等宮。夫妻宮不但能看配偶的長相、脾氣、事業，或貧富。亦能看出你自己的內心感情模式，能看出你是用什麼方式在愛人的。

倘若你是用平和的方式在愛人、愛動物，則你周圍的人或寵物都有福了。倘若你是用激烈的方式在愛人或寵物的，愛也入骨，恨也入骨的，那你周圍的人和寵物就痛苦不完了。

◎⑧ 你適不適合養寵物？

◎如何為寵物算命——

要檢視福德宮和命宮，都是要檢驗你自己是否有火爆、衝動的脾氣，是否會三分鐘熱度。看財帛宮及官祿宮也是一樣，能看出你脾氣的好壞，會不會隨便心狠就拋棄寵物？某些財帛宮和官祿宮都不好的人，是又窮又沒能力的人，容易靠人生活，但他們會有時間，有時候是別人為他們買寵物來養。寵物就成了他們的裝飾品或生活消遣之物。

9 用『子女宮』來看你適不適合養寵物

通常，紫微命盤中的『子女宮』，是代表延續，或代表從你自身所發出去的東西。例如子女宮代表子女、代表才華、代表後代子孫，是你自己生出來的東西。事實上，子女宮是看你對子女的感情，也可看出子女相貌、多寡、子女未來成就。所以從『子女宮』延伸來有許多意義，例如養育子女好不好、有沒有子女、以及如何對待晚輩的態度、如何看待自己的後人（子孫輩），更能看出你對下輩（晚輩），比你低層次、低階級的人的相互對待的感情。當然！寵物（小貓、小狗或其他物種）皆比我們人類層

次低、階級低，所以從『子女宮』一下子便能一目瞭然，其人的愛心有多少了！

現在有某些人認為不生子女，反倒是愛子女的一種表現。因為社會紛亂，物價高漲、生活不易。雖然這些人有很多理由，但從命理的角度來看，這些人常是由於生理上影響心理，很多人不孕或腎水不足，而導致心理上不想負養育子女之責任，這些由八字或紫微命盤，能立即看穿其問題所在。

現在我們來看看那些人最適合，也最會養寵物

子女宮有天梁居旺的人

子女宮有天梁居廟、居旺的人，會把子女照顧得很好，也最會養寵物，他們對子女無微不致的照顧，也會無微不至的照顧寵

物。這包括了子女宮是機梁、同梁（在寅宮）、陽梁在子女宮時的狀況。這些人對寵物的照料，會重健康、衣食，甚至會觀察瞭解寵物的情緒，會把寵物當自己小孩一樣來養育，也會當自己小孩一樣來教育牠。他們常會和寵物講話，像對待一個人或小孩一樣喋喋不休，其寵物也會像聽得懂人語一樣，相互回應。

（＊當子女宮為同梁在申宮時，因天梁居陷，故對寵物的照顧是不合格的，即使有照顧，也沒別人好。）

子女宮有天梁居旺時，你所養的寵物也會讓你引以為傲，常常談論牠們，把牠們放做生活的重心。你更容易把寵物當家人來養，任勞任怨不後悔。你不只愛牠們，還希望教牠們一些做人處世的小細節，所以你所養的寵物常也會很世故，或是很會撒嬌，非常帶有人性化的一面。你的寵物因為常和你相處在一起，因此學習能力很強，更會體會你的感覺與喜怒哀樂，會給你安慰，你也常會和寵物聊天，或把心事告訴寵物，也彷彿那些寵物真會明瞭似的。你和寵物之間有相互依存、相互學習過生活的情誼。你比較喜歡養貓狗、鳥類、烏龜之類，你自以為靈巧的能知道人心事的寵物，甚至養魚，養小白鼠、小兔子，也都能與你性靈相通。

但是，如果你的子女宮有『天梁、擎羊』、『天梁、陀羅』或是『天梁、火星』、或是『天梁、鈴星』、『天梁、文曲化忌』、『天梁、文昌化忌』、『天梁、天空』、『天梁、地劫』時，就未必會有上述和寵物能性靈相通的好運氣了。

當你的子女宮有『天梁、擎羊』時，表示你不太會照顧子女或寵物，你的照顧他們來說，是一種刑剋，會讓他們很不舒服，說不定還會傷害他們很深。另一方面，你也不太有興趣或有耐心去照顧小孩或小寵物。你會覺得他們很麻煩，自然也不會想多用心去瞭解他們內心的需要了。如果你有這樣的子女宮，就勸你別自找麻煩想養寵物了，否則你你自己也會痛苦的。

因為『天梁、擎羊』是『刑蔭』的格局，天梁是蔭星，是貴人星，表示自己會照顧別人、做別人的貴人。也能得到別人的照顧，而有好運氣。如果天梁和羊、陀、火、鈴、天空、地劫、化忌等星同宮時，貴人運就會受到刑剋，而對人不利了。這時你容易養些奇怪的寵物，並且你所養的寵物會常給你找麻煩。你也對牠們態度冷淡或凶惡，相互形成拖累的狀況。自然你會常想擺脫牠，把牠送走，所以這是和寵物無緣份的形式。有時你沒送走牠，但養一養卻把牠養死了，更傷害了小生命！

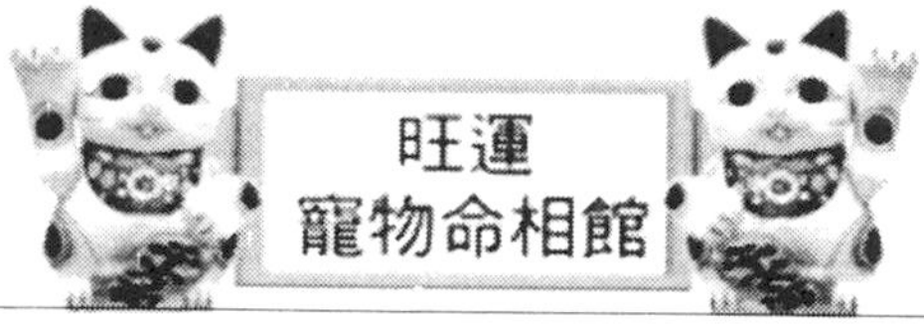

子女宮有天相居旺的人

子女宮有天相居旺人，是指十二宮中，只有天相在卯宮或酉宮居陷不吉的，其他十個宮位皆在旺位、六十分以上。因此大致來說，你的子女宮只要不在卯宮、酉宮，就都是不錯的子女宮，無論子女宮中有『廉貞、天相』、『武曲、天相』、『紫微、天相』同宮都是很好的子女宮。

凡有這樣子女宮的人，你的小孩和你所養的寵物大致都很乖，而且會體諒你，有些會幫你做事，十分貼心。例如小狗、小貓自己會開門啣著報紙、拖鞋給你，有的狗還會開冰箱幫主人拿啤酒、飲料呢！當然，小狗、小貓會做這樣多的事，也是因為你耐心教牠，你會為小狗、小貓、小寵物打理整齊、注重衛生，而且常幫牠打扮，你每次出門也都喜歡帶著牠，讓別人誇讚牠：

『好可愛！』『好漂亮！』『好乖呀！』這就是你辛苦教養的回報了。

你會和寵物相處的時間多很多，寵物和你有生命相依的味道，彼此都能相互帶來最大的快樂。

但是倘若你的子女宮有『天相、擎羊』同宮的話，因為『天相、擎羊』是『刑印』的格局。你所養的寵物容易是懦弱無能、膽小怕人、怕事、懶惰，學什麼都學不好、屢教不聽，很笨，又常偷偷的做壞事，隨地大小便，或破壞東西，讓你頭疼不已。其實你自己的小孩也容易是懦弱，表面很乖，人前一套，人後一套。

這主要是因為：子女宮代表其人的才華。當子女宮是『天相、擎羊』時，你的才華就是懦弱，才華不佳的，你不太會教導子女或對寵物教導的方法不好，或是反覆無常，讓小動物無所適從，因此會更製造麻煩，使你忙亂不已。當然你教訓起牠們來也是很凶的，但牠們總打不怕、凶不怕，讓你很頭痛。其實常因為如此，你容易遺棄牠們（寵物）。你自己的小孩，你當然不會丟棄他們，但常覺得他們是無用的東西，對待他們的態度也不好。

有這樣子女宮的人，也容易養到有病或傷殘的小孩或寵物。或是寵物原先好好的，可是到你家後開始生病或有肢體殘缺現象。所以你最好別養寵物，事實上，你自己對於養寵物這件事，也沒太大的熱心，有時候是別人丟給你的差事。有時是生活上或工作上的附帶條件，所以你只是應付了事，沒有太多的愛心去照顧寵物。

倘若你的子女宮有『天相、陀羅』同宮的話，表示你所養的寵物是外表樣子乖乖的、笨笨的，頭會大大的，行動會緩慢、不俐落。你的寵物也會樣子有些邋遢，外表不太好看。當你的子女宮有『天相、陀羅』時，其實你自己也很懶，也有點笨，不太會替寵物打扮或清洗。同時，你的家庭環境不算好，家裡易零亂、不整齊，所以你也會不重視寵物的生活環境。

倘若你的子女宮是『天相、火星』或『天相、鈴星』時，表示你所養的寵物脾氣不好，易火爆或亂發脾氣，你也容易養怪怪的、凶猛的寵物，如蜥蜴、蟲蟻、鱷魚等。是『天相、火星』時，寵物一碰就發火，會攻擊。是『天相、鈴星』時，寵物會沈著、陰險、冷靜，觸碰激怒牠時，稍靜態不動，然後突發攻擊，死咬不放。凡是有『天相、火星』或『天相、鈴星』這兩種子女宮的人，養寵物都是養新鮮感的，養時髦感的，會養怪異的、超流行的寵物，但養不久。當你沒聽到他再說他的神奇寵物時，就知道寵物不是死了，就是已處理掉或送人了。自然這種人養寵物是不太會愛護及照顧的，他們自己就很性急、怕麻煩，常一時興起做某些事，三分鐘熱度一過，必有許多後事要別人幫忙處理的。

如果子女宮有『天相、天空、地劫』一起在巳、亥同宮的話，那表示你對養寵物沒興趣，也不會生小孩及養小孩。同時，你也只是過一般的生活，無大才華，只求溫飽而已。**如果子女宮有『天相、天空』或『天相、地劫』的話**，那表示你偶而還是會養些寵物，隨緣而已，寵物不在了，會停一段時間，有時停很久再養。

如果子女宮有『天相、文昌化忌』同宮，你容易對你的寵物數目不清楚，你所養的寵物也容易有頭腦不清的狀況。倘若子女宮又在寅宮、午宮或戌宮，文昌化忌居陷位，則你的寵物會樣子邋遢、不美，你不太會給寵物整理打扮，也會養到不漂亮的寵物。另一方面，你的寵物易頭腦不清，很可能隨時隨地的在向你要吃的東西，常忘記吃飯時間的規律性。**倘若子女宮是『天相、文昌』而沒有化忌的話**，而此子女宮又在巳、酉、丑宮，則你所養的寵物會特別漂亮、聰明、享福，又會給你帶來福氣。說不定還能幫你賺錢、數錢呢！你所養的寵物鐵定是聰明幹練，又會為你帶財之輩。

如果你的子女宮有『天相、文曲化忌』的話，你所養的寵物容易頭腦不清，你也容易亂罵寵物。倘若子女宮又在巳、酉、丑、申、子、辰、卯、亥、未等宮，寵物易亂叫、管不聽。如果子女宮在寅、午、戌三宮，則你所養的寵物雖乖，但人緣不好，與人不親近，與同類也不合，易孤獨，而且不太叫，不太出聲音，會很靜，因為有時一叫就會挨打。倘若子女宮是『天相、文曲』，而沒有化忌的話，所養的寵物是非常活潑好動的。如果在巳、酉、丑宮，則寵物多才藝，會跳舞、跳高、接飛盤、運動細胞很好，可能還會唱歌、聽音樂呢！

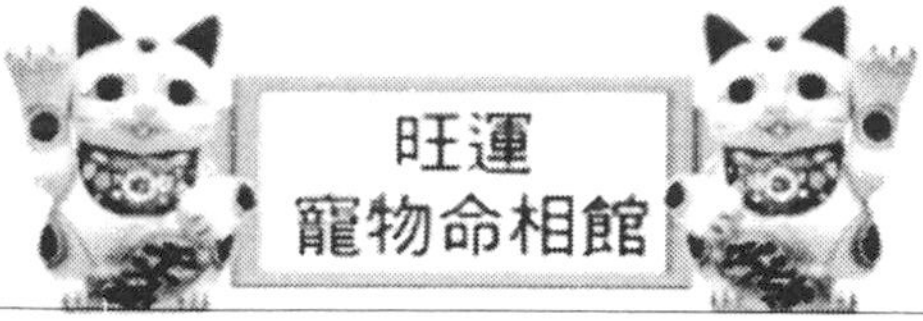

子女宮有天同居旺的人

子女宮有天同星的人，因天同是福星，福星居旺、居廟時，享清福較久，但會較懶。福星居陷時，無福有災。福星居平時，易為玩樂勞碌，子女宮是天同在巳宮或亥宮居廟、福多。子女宮在子宮為『天同、太陰』也是最好的。這表示你會養到帶福來的寵物。寵物到你家來就是來享福的。牠們會很乖巧，很貼心，一點不妨礙你。大部份子女宮有天同星的人都會養貓。因為貓就有這種平常安靜獨立生活，主人高興了就撫摸牠、抱抱牠，不太麻煩的生活方式。**子女宮在子宮有『同陰』的形式的人**，更是對寵物多情、寵愛。每天彷彿與寵物談戀愛、分分秒秒甜蜜的不想分開，此人會常帶著寵物進進出出，甚至上班都想帶著牠去，但如果公司不允許的話，才會把寵物放在家中，但每天仍隨時惦唸著牠。

子女宮是『同梁在申宮』形式的人，其天同居旺、天梁居陷，表示其人所養的寵物愛享福，但受不到良好照顧。你的寵物可能常窩在家中，但常餓肚子及沒有清理，也容易自生自滅，也有些可憐。有此子女宮的人，其人本身的環境不好，人緣差，忙的時候很忙，空的時候很空。閒的時候買了寵物來養，但一忙起來就完全忘了寵物的存在，人緣又不佳，也無人會幫忙他代養，故寵物只好自生自滅，自求多福了。有腿的，像貓咪或狗，會流浪到別家找吃的，如果是小鼠、蜥蜴等被關起來的動物，就會餓死或自相殘殺了。

子女宮是『同梁在寅宮』形式的人，其天同居平，但天梁陰

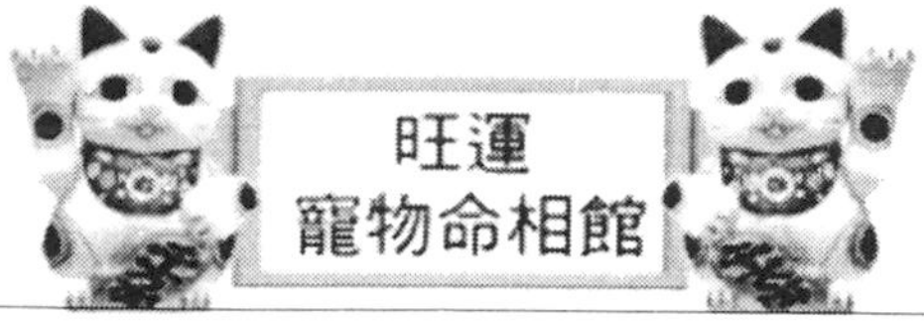

星居廟，表示其人養寵物會為寵物照顧周到，甚至連寵物的衣食住行及『育樂』都會打點的很好。有此子女宮的人，其人的才華常在玩樂和照顧寵物、植物及幼小的兒童，或小生物方面。他在這方面有長才，其人的工作最也在這方面會有大發展和成就。因此寵物會活潑乖巧，也會替家中做事、照顧、護衛家庭或替主人分擔家中一些瑣事。你的寵物儼然是家庭的一份子，在家中佔有重要地位。當然！寵物也在你的心中佔有重要份量。將來寵物過逝，你會為牠築墓或做靈骨塔牌位時，都會為牠把玩具帶上，幫牠預想好可玩耍的地方。為牠預置好未來生活上要用的點點滴滴，彷彿像牠活著時一樣的生活。

子女宮是『天同單星居平』的人，表示其人所養的寵物還算可愛，但有點幼稚長不大。喜歡主人叫他『小毛』、『小奈』，名字中有一個『小』字，牠最喜歡。你的寵物會快樂的過生活，但不太會學什麼技藝。因為有此子女宮的人對自己所養的寵物要求也不高，只要好養，不麻煩就可以了。如果是小貓、小狗洗澡美容問題，送寵物美容店打理就可，一般也不須他多花腦筋。他一向覺得寵物小小的，很可愛，閒的時候逗逗玩玩就行啦！牠們根本沒什麼智慧，也不須多花時間在他們身上。

如果有『天同居平、擎羊』在子女宮時，表示你內心很極端，不喜歡養寵物，也表示你不易生小孩，或生到有殘障的小孩。因此若要養寵物，你也容易養到有殘障的寵物，有這種子女宮時，表示子女或寵物使你無福，會讓你辛苦、受罪，因此你會對寵物的態度也不好，給牠們吃的，你已經覺得是天大的恩惠了，根本不會想到其他的事。

子女宮是『天同、陀羅』時，表示你所養的寵物是老實、又乖、又笨的，最好養大烏龜，動作緩慢。你也可能不想養寵物，否則你也會很勞累，如果有此子女宮的人養鴿子去賽鴿，其人所養的鴿子也會因為懶又笨而回不了家，而使主人常失利於賭金。

子女宮是『天同、火星』或『天同、鈴星』時，表示寵物平常很乖，但偶而脾氣火爆、古怪、不聽話。有時候你會養時髦的，或較奇怪、稀少的寵物，完全不瞭解牠的習性。但養不長久，很快會換一種寵物。你要小心作孽會作很多。

子女宮是『同陰在午宮』時，天同居陷、太陰居平，表示你對寵物愛心很少，事實上你對子女或晚輩及寵物都是感情較冷淡、少付出的，只是用平和冷淡的態度對牠們而已。如果你養寵物也不會對牠們太好，給牠們吃的已經很好了，彼此在感情上不算親密，甚至會有一段距離。如果子女宮是同陰在午，再加擎羊時，表示對寵物很厭惡，或挑剔。如果你還想養寵物，也會養到一隻古怪脾氣、壞脾氣、沒人緣，也對你沒好處的寵物。將來牠也會帶給你敗亡或窮困的問題。

子女宮是『同巨在丑、未宮』時，天同、巨門皆居陷位。表示你所養的寵物表面上還溫和，但是懦弱無用的，而且常會帶給你一些小的是非麻煩，讓你生氣。你天生是怕麻煩的人，不喜歡養寵物，但可能是家裡的人要養才會養的。你常會罵牠們，嫌棄牠們，其實花了很多口舌是非在寵物身上。**如果你的子女宮再有『天同、巨門化權、擎羊』同宮在丑宮時**，那問更嚴重，你會因寵物和人發生爭執糾紛，也會因此而賠錢。也可能你的寵物會傷人、咬人，或因你的寵物有毒而傷到人，被告，或要賠償。

子女宮有太陰居旺的人

子女宮有太陰居旺的人，例如太陰在亥宮居廟，在酉宮、戌宮居旺。當子女宮有太陰在旺位以上時，表示你會養雌性動物較多（養母的較多），例如養魚容易養母的較多，也易養母狗、母貓、雌性的小寵物。同時，你也會對寵物用情較深，像母親對待子女一樣，發揮母性光輝的去照顧、體貼牠們。常常關心寵物的心情好不好？快不快樂？也會關心寵物的生活狀態，舒不舒適？很多生活上的細節你都會為牠們設想周到。當然你最重要的是要知道他們快不快樂了！你的寵物十分會撒嬌，常膩在你懷裡。你會養能十分表達感情的寵物，不會養奇怪的猛獸的寵物，因為你就是要舒發感情才會養牠的。

如果子女宮有太陰化權在亥宮時，你對寵物會嚴加管教，也會特別疼愛牠們。雌的寵物會很受教，也和你親密，天天黏在一起。雄的寵物不太愛被管，但也想和你黏在一起，也會和你親密，但必須你叫牠過來時，牠才會過來。

如果子女宮有太陰化祿在亥宮時，表示寵物和你每天都快樂的生活在一起，彼此很圓融，也很圓滑，你不會大聲喝斥寵物，只要用哄的，用手拍拍牠，牠就會乖乖的、不搗亂了。養雌的寵物對你有利、會帶財給你。你也會和寵物談戀愛。

如果子女宮有太陰化科在亥宮時，表示你寵物是乖巧有氣質的女生，你也會替寵物打扮美麗、有氣質，使牠像大小姐一樣。你會內心有些古怪和孤獨，少和人來往，因此寵物就是你的私密好友了，所以你會在寵物身上花很多心思打扮牠，或和牠說話、互相溝通情感，故而十分親密。你也會把寵物當做情人般來疼愛。

如果子女宮有太陰化忌在亥宮時，在命理上雖稱太陰化忌在亥宮為『化忌不忌』。但有此子女宮時，仍然是與雌性寵物不合，但你仍會喜歡養雌寵物，覺得牠們較乖，你所養的寵物會較安靜，活動力不強，也不太理人，與你不能感情相通。一種是因為你本性較強勢，一種是因為你本性溫和，受父母管教嚴，都使你對待晚輩或低層次人態度不好，不想多用心瞭解他們，因此你對寵物也是一種不想瞭解、關閉溝通之門的狀況。不過，你若養雄性寵物會比較你相合而親密。

如果子女宮有『太陰、擎羊』時，表示你和雌性寵物相剋，彼此也不能親密相伴，寵物會造成你的財務負擔和心理上的負擔。**如果是『太陰、擎羊』在戌宮時**，其實你連雄性的寵物也不能養。你根本不會瞭解寵物的須要，會把牠們養死的！『太陰、擎羊』如果在酉宮的話，雄性的寵物還可以養。但勿養鳥類或夜間行動的動物、植物，以防不利，會養死。

如果子女宮是『太陰、陀羅』在戌宮或亥宮時，表示你會養到外表陰柔還美麗，但較笨的寵物。你也會用自以為是體貼的笨方法去養育牠們。

如果子女宮是『太陰、火星』、『太陰、鈴星』在酉、戌、亥三宮時，表示你會跟隨流行養時髦性的寵物，但只養一下下，就會換，或是送人。如果有家人幫忙一起養才會養得久一些。你會養脾氣壞或古怪的寵物，但養一下就沒意思，不想養了！所以最好別養。

如果子女宮在亥宮是『太陰、天空、地劫』時，表示與雌性的寵物一點關係沒有。你大致不會養寵物，也不會生小孩。你對照顧幼小是一點興趣也沒有。你只想會生今世過得好一些、輕鬆一些、享福就是你的幸福了。

如果子女宮在酉宮或戌宮，有『太陰、天空』或『太陰、地劫』，則你養寵物的時間會中途有間斷性的。例如有一段時間養了貓或狗，但有時寵物死了，或掉了，而中間停了一段時間，又

再養。這也表示你與寵物之間的緣份不是很持續的，中間是有空隙間隔的，因此你若此刻正養寵物，就要特別留意寵物，不要一時疏忽，又讓寵物離開你了。

如果子女宮是『太陽、太陰』在丑宮時，太陽居陷、太陰居廟，因此養雌性（母的）寵物較好。養公的寵物，牠會悶悶的，不太活潑，有此子女宮的人，養雌的寵物會為你帶財來，養公的寵物，就日子過得平常，沒什麼好運發展了。如果再有擎羊、陀羅、火星、鈴星、化忌等星同宮的人，養寵物養不久，必有傷亡，也與寵物不親密對待寵物很狠，這就不是好的寵物緣份了。

如果子女宮是『太陽、太陰』在未宮時，太陽居得之旺位、太陰居平，因此養公的、大型的寵物會為你帶來好運。養母的，性格陰柔的寵物不佳，例如養貓或蜥蜴不佳。養大型狗會較好。你對寵物是大而化之，不會細膩照料的人。你對待寵物的感情也是大而化之的，因此和寵物不算太接近，高興時摸一下，平常不太管牠，會任由家人來管，因此你若想獨力撫養寵物，是不可能的事，須三思而後行。如果再有羊、陀、火、鈴、天空、地劫、化忌同宮，你與寵物沒有緣份，只好別害了寵物，又害己了！

如果子女宮是『天機、太陰』在寅宮時，天機居得地之位，太陰居旺，表示你會養聰明又黏你的寵物，你會養很會看臉色、對周遭環境變化很敏感、對周遭人際關係，長幼尊卑的地位弄得很清楚的寵物。牠會一入你家門馬上就得到你家地位最高、當權做主、管事的主人喜愛、疼愛，久而久之，也能狐假虎威，殿定了自己在家中地位。你會非常驚訝與津津樂道寵物點點滴滴的聰明，也對寵物疼愛有加。如果有陀羅、火、鈴、天空、地劫、化忌同宮，你所養的寵物就沒那麼聰明、或有時會有點笨，或有奇怪的聰明，自做聰明而給你添亂了。

◎❾用『子女宮』來看你適不適合養寵物

如果子女宮是『天機、太陰』在申宮時，天機居得地之位、太陰居平，這是聰明又窮的格局，表示你會養聰明但無用的寵物，牠與你不親密，易受驚嚇，很會察言觀色而逃走或躲起來。有吃的時候才出來。你養一養，就會覺得累不想養了，也易隨便處理牠，你對寵物沒太大的感情。如果再有陀羅、火星、鈴星、天空、地劫、化忌同宮時，你並不喜歡養寵物，既便養，也會養到笨又自作聰明的寵物，常給你找麻煩，煩不勝煩。

子女宮有天府居旺的人

子女宮有天府星的人，因天府星在十二宮均無落陷，都在得地以上的旺位。故子女宮有天府星的人，都可養到乖巧、精明，能為自己帶財來的寵物。而且你也捨得在寵物身上花錢，買一切能裝飾寵物，使牠更漂亮、美麗及寵物切身要用的必須之品。寵物和你很貼心、感情深厚。同時你也是個喜歡付出感情的人，你的寵物也會和你做出感情的回應。因此你會因為寵物的存在而快樂無比，生活更有意義。如果有羊、陀、火、鈴、天空、地劫、化忌同宮時，你仍喜歡養寵物，但會挑剔，你對寵物的愛沒那麼多。寵物和你的親密度也不算太好。你會小氣吝嗇或算不清楚，而也未必會肯為寵物多花一點錢了，有時花了又心痛，同時你也容易養撿到的、或別人送的，不須花錢的寵物。

如果子女宮有『武曲、天府』時，表示你是一個較現實的人，如果你有需要才會養寵物，這個寵物一定要有很大的實質利益，你才會養，否則你不會去找這個天天只會吃飯、拉屎的動物的麻煩！例如說，你們家是開賣寵物的店（其實你自己是不想開，但是家人開的店），你無奈想賺錢而來幫忙。或是為了防竊

◎⑨ 用『子女宮』來看你適不適合養寵物

盜，養警用狼犬，一般來說，你都不會養寵物，即使你養了，也多半是交給別人代為照顧，你只是付一些費用就算了事了，不太會去和寵物建立交情。如果再有武曲化忌、擎羊、火、鈴、天空、地劫、同宮，表示養寵物是對你不利，會為你帶來災害的，你也天生對寵物沒興趣。

如果子女宮有『廉貞、天府』的人，表示你所養的寵物是性格小氣吝嗇，有點古怪的。平常牠會自得其樂、自己找樂趣，等到牠自己需要了，例如想找吃的，肚子餓了，才會跑出來和主人或其牠同伴聯絡來往、應酬交誼一下。所以是帶有勢利眼的寵物緣份。你自己本人也會喜歡帶寵物去和別人來往交誼或比較，然後你又小氣，胳臂肘往內彎的，覺得自己的寵物比別人的好，因此仍會有些小的意氣用事。

如果子女宮是『紫微、天府』的人，表示你會養品種好、價錢也貴、市值高的寵物，而且會把牠打扮得很富貴的樣子，來帶給別人看。或者你不會給別人看，會自己私藏起來小心保護，擔心牠會受到傷害或被人劫奪去。你對待寵物的感情是一種自私的，只要你一個人愛就行了，你會高高在上的，像身為寵物的父母或是像寵物的君主帝王一樣的用高壓政策去疼愛牠。你的寵物會很乖巧，又為你爭面子，和你很配合，很聽你的話，也會為你帶財來，使你享受到擁有寵物，就好像擁有了你所控制的世界了一般。

子女宮有太陽星的人

子女宮有太陽星時，要在寅宮、卯宮、辰宮、巳宮、午宮、未宮、申宮，太陽在得地以上的旺位，太陽要有亮度，才有用。

◎如何為寵物算命——

你與寵物之間的關係才會好。當你的子女宮有太陽居旺時，表示你容易養雄性（公的）寵物。在你的子女中，男性也較多，你會養到個子大、性格爽朗、不計較，但脾氣不一定好的寵物。當寵物高興時，你怎麼逗弄牠都沒關係。當牠有脾氣時，你逗弄一下，牠就凶起來了，你也容易養到不需要特別照顧，也不麻煩的寵物。因為你本身會是個大而化之，有點迷糊的人，因此無法太注意小節的去照顧寵物。就算照顧寵物已十分簡單了，但你仍不想照顧牠，仍會常把照顧的責任推給旁邊的人，或找寵物店代勞，或者根本不想找麻煩，也不會養寵物了。

當子女宮有太陽居旺，加擎羊、化忌、火星、鈴星、天空、地劫同宮時，表示你和雄性寵物的緣份不好，彼此不合，即使養了寵物也對你沒有太多好處，容易拖累你的工作，使你家中收入減少。事業上你也賺錢不多，根本不希望再養寵物來再生花費了，而且你本身是個小氣的人，怎麼會再多花錢在寵物身上？所以不太會養寵物了。

當子女宮是『太陽、天梁』時，你會一時興起，或為了小孩或家人的關係而養寵物。事先你對寵物會挑選嚴格，你會養個子大的、乖巧、會聽話，肯學習、肯聽教導的寵物。你也會像管教自己子女一樣照顧和管教牠。並且對牠做的某些錯事及麻煩事也會寬宏的對待，真的把牠當做年幼無知的小孩般來疼愛。自然，你的寵物也會不負重望的，在你帶牠外出時，表現得體，讓人誇讚，也讓你面子十足十分開心。

當子女宮具有煞星刑剋重時，不適合養寵物

當子女宮有擎羊時

當子女宮有擎羊時，是對子女或晚輩的刑剋，你根本不喜歡養小孩，或對晚輩態度不佳。同時也根本不喜歡養寵物，即使養了也覺得寵物是來討債的、沒用的，就像你覺得養小孩也是來討債的一樣。**當擎羊在辰、戌、丑、未等四宮居廟時**，你要嘛不養，要養寵物，就會讓牠來看家。你會養凶惡、脾氣壞、古怪、陰險、凶悍，讓人害怕的寵物，牠的尖牙利齒或利爪，彷佛會撕裂人一般。**當擎羊居陷時**，在子、午、卯、酉等四宮出現，你會養懦弱、陰險、無用的寵物，常常懶得管牠，任牠自生自滅，也容易養到有傷殘現象，或相互爭鬥不停，而傷殘的寵物。

當子女宮有陀羅時

當子女宮有『陀羅』時，通常你不喜歡養寵物，若是養了，你會養腦子較笨，常轉不過來，動作常慢半拍，或常窩做一坨，或常喜歡原地打轉的寵物，你也容易養一些外表長相不好看，蠢蠢笨笨的，或是頭大大的，笨相可愛的寵物。你與寵物的緣份並不好，常有損失、死亡。很多時候都是因你的疏忽而死亡或跑掉的。

當子女宮有火星、鈴星時

子女宮有火星或鈴星獨坐時，你偶而會一時興起養一些當時正流行的寵物，並以此來展現你的流行時髦感。子女宮有火星獨坐的人，會養脾氣急、火爆、動作快速，顏色是紅色的類型寵

◎如何為寵物算命——

物，也會養顏色鮮豔美麗、極盡炫耀之能事的寵物，例如養顏色古怪少見的魚或鳥，或蜥蜴、爬蟲類、穿山甲之類的動物為寵物。子女宮有鈴星的人，會養性格較陰沈，也是急速凶猛，為當時正流行的時髦動物為寵物。例如穿山甲、澳洲蜥蜴等。像以前有一陣子流行養像泡泡般的透明小水母，此命格的人，也是很愛跟隨流行去養的。

但是有此二種子女宮的人，養什麼都是三分鐘熱度，除非家中有人能幫忙他們接管養育責任，否則他們也是三兩下就解決了寵物，又去追求其他新鮮感的事情去了。

當子女宮有天空、地劫時

子女宮只有一個天空或一個地劫時，表示你對養寵物沒有特別的喜好，養也可以，不養也行。家人或朋友帶來寵物給你養了，你也就養著了，也不會嫌棄牠。但你不會主動想去找寵物來養。你對待寵物的感情，有時親、有時淡，忽近忽遠的，你的寵物也會隨著你的情緒起伏而若有所失，無所適從，或自生自滅。

當子女宮有化忌時

當子女宮有化忌時，要看是什麼化忌，會代表各自不同之意義。

例如：**有太陽化忌**，就不適合養雄性、公的，以及個子太大的寵物。

有太陰化忌，就不適合養雌性、太陰柔、陰氣重的寵物。

有廉貞化忌，不適合養紅色或會咬人，會有毒性與人類血液

◎如何為寵物算命——

有關的寵物，如毒蛇。

有巨門化忌，要小心寵物會咬人，或寵物易闖禍，引起打官司事件，及口舌是非吵架事件。可能會損失要賠償。有此子女宮者，最好不要養寵物。

有天機化忌，你會養到頭腦糊塗，又愛自做聰明的寵物。其實你也不喜歡養寵物，只有陰錯陽差的時候才會養到。寵物為你帶來很多是非，使你手忙腳亂，過了一段痛苦的生活。

有文曲化忌，你不太會養寵物，也不太會教導牠們。通常你不會養寵物，只有在偶然的機會中，無意間養到，你的寵物易孤獨，活動力不強，有時很靜，有時會亂叫，頭腦不清。

有文昌化忌，通常你不會養寵物。如果在偶然的機會中養到，你不太會幫寵物打理、打扮，你不在乎寵物的美醜，通常是給牠一口飯吃，你覺得已對牠不錯了。

有武曲化忌，你是小氣又吝嗇的人，根本不想養寵物。但家中的人養了寵物，你也不會去照顧牠或管牠。你是不會多花精神或金錢去養寵物的，因為你覺得如此很浪費。

有貪狼化忌，你是個人緣上保守的人，基本上你不想去碰寵物，因為你對牠們瞭解不多，也根本不想找麻煩。如果你還是養了一隻寵物，你也會養到脾氣怪、孤獨、活動力差、人緣不好的寵物。

※凡是子女宮有化忌的人，基本上不太會養寵物，要養，也會養到頭腦不清，兩眼迷茫、活動力不強，或看起來有點笨的寵物。

◎⑨用『子女宮』來看你適不適合養寵物

子女宮有七殺星時

當子女宮有七殺星時，你會養到脾氣壞、又凶的寵物。牠會我行我素，你完全無法管束牠．其實你對寵物也並不算好，起先很愛牠，但照顧不好，管理不好時，寵物已無法無天，使你厭煩時，你只想快速的丟棄牠、解決牠。因此你最好別養寵物！因為任何寵物都會被你養出暴戾之氣的。

子女宮有紫微、七殺時，表示你所養的寵物長相還漂亮，或是名種，但身體不好、脾氣也不好，自有主見，完全不服管教，也很容易有損耗或是被你處理掉。真實你也並不太會照顧寵物，常不耐煩。你根本也不適合養寵物，除非家中有親人幫忙養才行。

子女宮有武曲、七殺時，表示你絲毫不喜歡養寵物這件事，實在太麻煩了，若要養，也會養到窮的，來找麻煩的寵物，你也會對牠很凶，或你由牠自生自滅，根本不管牠了。

子女宮有廉貞、七殺時，表示你也不太喜歡養寵物，偶而養一種，也會是養不聰明、又不需花錢而得來之寵物。事實上你也不愛管寵物，任由家人對牠打罵或給牠不好的待遇，有時你也會找牠出氣，你並不在乎牠的存在，牠只是這樣不死不活的過日子罷了！

子女宮有破軍星時

當子女宮有破軍星時，表示你對養寵物之事很任性。你要不就不養。如果你養了就會愛的要命，為寵物花很多金錢。凡有此種子女宮的人，又熱愛寵愛的話，養了一個，就會養兩個、三個，養更多。有些愛心無限擴充的人，會養流浪狗、流浪貓，把外邊吃食無著的動物都帶回家來養，所以他所養的寵物是很複雜的。有時候他也會養各種不同種類的、多種類的寵物，例如養了貓狗，又養魚、又養小鳥、烏龜等等，家裡好像動物園。

子女宮有紫微、破軍時，表示你不一定喜歡養寵物，有些人會很討厭寵物。有些人愛養的話，會養外表漂亮，有面子、名種，但性格任性、不好管教的寵物。一旦牠不漂亮了，你就容易把牠送人或丟掉。你愛寵物會愛不久。

子女宮有武曲、破軍時，表示你根本不喜歡養寵物，一定是家中有小孩要養，才會養的。你會養到性格軟弱、較瘦、較窮，不帶財的寵物，牠和你們的緣份也不深，不是死了，就是跑了，或是過沒多久，你就把牠送人了。同時你也可能養到自己跑來的寵物，養一養，牠又走了。

子女宮有廉貞、破軍時，表示你也不喜歡照顧寵物，你自己本身就很會撒嬌，你自己本身有時就很像寵物一樣，需要別人來寵愛，所以何必還要養寵物呢？但如果你養了寵物，你會養到脾氣不好，無法管束牠的寵物。最後寵物的結果都不好，死死傷傷或跑了，因此你不適合養寵物。

子女宮有貪狼星時

子女宮有貪狼星時，其人基本上不會找麻煩養寵物。如果家人帶回來養了，他也能一起和寵物玩耍逗弄一下。但他不會花太多時間和精神在寵物身上。他也不會主動去瞭解寵物的脾氣或生活狀態，只是大致的看牠有吃的，有水能活命就好了，對寵物的關心是很少的，因此最好別養寵物，以免累人累己。

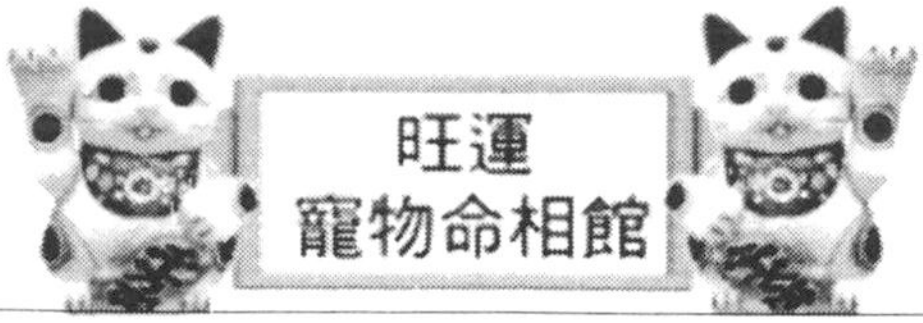

子女宮有紫微、貪狼時，你也是對養寵物沒興趣的人。但老年時期可能會改變，可能會養貓。你會養名種、外表美麗，但若即若離，並不真正親近的寵物。養貓最合適了，你和寵物彼此之間有些距離，你不會親自養牠，會叫別人養，偶而摸摸牠，做做樣子。

子女宮有武曲、貪狼時，你是個小氣又帶點勢利的人，你平常不會養寵物。一定是有什麼好處了，你才會養寵物。很可能別人告訴你這個寵物會為你帶來利益或好運，你就會養牠了。倘若試一下沒有利益或好運，你就會當機立斷，馬上送走牠。

子女宮有廉貞、貪狼時，你不喜歡寵物，也不想找麻煩養牠。如果家人帶進寵物來養了，你也要小心會養到人緣不好、習慣及性格不佳的寵物，因為你也根本不會管教牠，更不想為牠整理、料理，久而久之就會搞得一團亂，會危害到人的健康。所以你會把牠送走或丟棄。

子女宮有巨門星時

子女宮有巨門星時，表示你所養的寵物會常有損失、減少，基本上你不太會養寵物，也最好別養，以免死亡及損失。

凡有此子女宮的人，喜歡養的寵物大多是好吃、又喜歡叫，叫聲大的。如果同時養有兩、三個，會彼此鬥爭、互咬，因此要小心。你也要小心所養的寵物會咬人，給你帶來麻煩。

⑩ 用遷移宮（外在環境）來看你是否適合養寵物

遷移宮代表的是自人出生以後就會有的外在環境。這個『環境』的意含十分深遠廣大。例如說：遷移宮也代表你自小到大，家人或外人對待你的態度是好、是壞等等。也代表你自小至大所住的地方是好、是壞等等，還代表你自小至大環境中對你所形成的壓力，或是非但無壓力，反而是承受福氣，或是你對環境中所施加的壓力（辛苦操勞的打拚），或是一片慵懶現象，根本毫無壓力。

另外是外在環境的美與醜，整齊與髒亂，也都會出現在遷移宮中。如果你的周圍環境很髒亂，即使你愛養動物、寵物，也會原先是美麗可愛的寵物，最後給你養得醜醜髒髒，失去原先美麗的外貌。如果你的外在環境是屬於整潔型的，則你會把寵物打理乾淨，妝扮美麗。如果你的遷移宮中有好的貴人相幫助，則你就會有幫手或家人、朋友替你照顧寵物，照顧得很好，一生一世都養寵物不用愁了。

不過，遷移宮太好的人，常可能太懶、或太愛乾淨而不想養寵物了。所以，真正會養寵物又養得好的人，是一些遷移宮不算太好，還要有其他條件配合的人。例如夫妻宮好的人，很懂得去如何愛人、愛寵物。子女宮好的人能養到乖巧好養的寵物等等。

有一回，我在大學教書的一個學生拿著命盤來找我，他說『媽媽實在太凶了，我想養一隻小狗都不行！要怎麼辦？有沒有辦法扭轉乾坤？』

我看了一下他的命盤，他是廉貞、貪狼、祿存坐命亥宮的人，遷移宮是空宮，父母宮是『巨門、擎羊』。父母常罵他，罵得很凶。他說：『對呀！每次罵就罵很久，罵不完，我的頭都要爆炸了！』

我說：『所以呀！你就不要養寵物啦！等到結婚以後，有你自己的家庭時再養囉！如果你還跟父母住，那也一樣是不能養的，最好不要惹父母生氣，多用功讀書就好了！』

他說：『那我不是一輩子都不能寵物了嗎？不管！我一定要養！』由命盤中，我看到此學生的性格是天生保守、懦弱，遷移宮是空宮，代表環境空茫，不確定。但要借用命宮主星來代表遷移宮的狀況，是故亦表示其人外在環境不好，是人緣不佳，凡事小氣吝嗇，很自私，不會重視他人感觀的性格。既然父母都罵著說，不准養寵物了，一般人一定會就放棄不養了，以免父母生氣。但是此人卻硬要做父母不喜歡的事，自己找罵挨，一家人吵吵鬧鬧，最後誰也沒好過一下。倘若你是個旁觀者來看此件事，不是覺得可笑嗎？倘若這個學生已經帶著小狗回家，媽媽堅持不肯養，要他送走，據說以前已發生過此事，那豈不是街上又多了一隻流浪狗在可憐了？所以我再三勸這位同學多為別人和小寵物想一想，不要因自己的一時興起，而造就別人的痛苦！

命理學的內容是十分有趣的，例如遷移宮不好，再看看命盤有那些宮位不好，就一併可觀察出來是因為什麼原因造成的環境不好了。例如：遷移宮不好，兄弟宮也不好的人，很容易知道是兄弟不合的問題在刑剋你，讓你的環境不佳。又例如環境不好，而田宅宮又不佳的人，就知道是因為家裡之人、事、物，讓你環境不好的。所以你所有的問題，其實都呈現在命盤上得到答案的。

現在我們來看看好的遷移宮，會有那些人能養寵物？

好的遷移宮

遷移宮有紫微星的人

遷移宮有紫微星的人，包括遷移宮有『紫微、天府』、『紫微、天相』、『紫微、七殺』、『紫微、破軍』、『紫微、貪狼』的人，其人的周圍環境都會美麗、高大，其人在家中具有地位、受人尊敬、不會看人臉色過日子，大家都會對他好，事事尊重他，給他最豐厚的物質生活，不會讓他做苦工，所以這些人自己是絕對不會養寵物的，因為自命高尚，不會去侍候小寵物。倘若家裡有其他人養，他則能在高興時，逗弄一下，有時也不反對養寵物

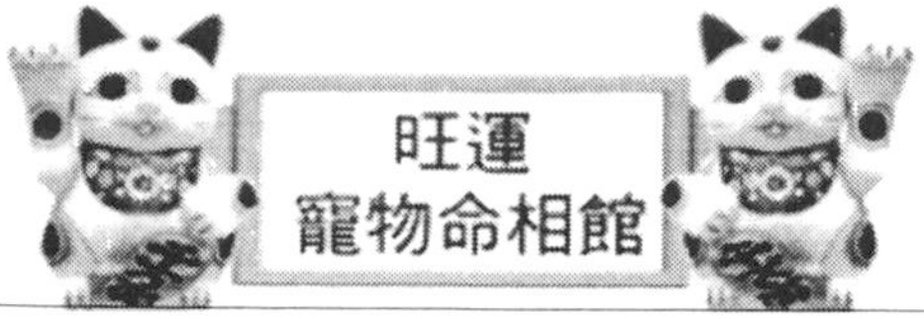

了。

遷移宮有天府星的人

遷移宮有天府星的人，因周遭環境就是一個大財庫，因此常忙著賺錢而忙碌，會沒有時間或怕麻煩、怕影響工作、賺錢而不想養寵物。這些人包括了遷移宮是『廉貞、天府』、『武曲、天府』、『紫微、天府』的人。倘若家裡有其他人養寵物，你也會樂於寵物為你家中的一份子，但你是很少會去照顧牠的。

遷移宮有天相星的人

遷移宮有天相星的人，包括遷移宮是『紫微、天相』、『武曲、天相』、『廉貞、天相』的人。你的周圍環境就是一個福星的

享福環境。在你的周遭環境中總會有一個勤勞的人為你打點整理，因此你能享受舒適的食、衣、住、行的環境。你也會天生愛享福，享受物質生活上的樂趣。

遷移宮有紫相的人，你會是什麼東西都要好的，平常未必會養寵物，要養就要養名貴的、品種稀有的寵物，而且你的寵物也要享受最高尚名貴的待遇。

遷移宮有武相的人，你對值錢的、價高的東西感興趣。只要告訴你：這寵物的價值多名貴、價格多高，你就會有興趣養了。平常不一定愛養寵物。你周圍的人，也會是些勢利小人，對你所養的名貴寵物高高捧著。

遷移宮有廉貞、天相的人，你周圍會有一些笨笨的、乖乖的聽話的人幫助你打點雜事。所以，你要養寵物，會有人幫助你料理寵物生活上的雜事。同時，你要養寵物，不會只養一個，同時就會養好多個，而且品種會不一樣。例如電視名主持陳文茜小姐就是遷移宮是廉相的人，她會同時養好多條狗，品種都不一樣，也會有傭人很忠實的為她打理、照管寵物狗。

遷移宮有天相單星的人，要看天相的旺度如何，才知道有沒有人能幫忙你照料寵物，你自己親自照顧可能會有些困難，因為你是會把自己搞得很忙的人，回家就想休息了，不想再打麻煩照顧寵物，因此當遷移宮為天相居廟時，或居得地之位，是可以養，而你不一定會養寵物的人。

當遷移宮為天相居陷時，你可能是個不能養寵物，又會堅持要養的人。例如現今行政院蘇真昌先生，其遷移宮是天相陷落，在台北縣長任內養了兩隻狗，常騎單車帶出去溜狗，有一次狗絆倒了他，額頭受了輕傷，凡是遷移宮為天相陷落的人，所養的寵物也會不乖，常不聽主人的話，或易養到不對的寵物，或養到與自己磁場不合、八字不合的寵物，而使自己受傷，所以要小心。**當遷移宮有『天相、擎羊』時**，皆是『刑印』格局，容易被欺負，則你無論養什麼樣的寵物，即使是再乖巧、再聽話的寵物，或是再遲鈍的寵物，你都易被寵物欺負。若養了寵物，你手上或身上的傷痕會很多，因為你所養的寵物根本不怕你，又任性，想怎樣就怎樣，你根本管不住牠。同時你也是做事馬虎不負責任的人，如果寵物闖了禍，你會先溜之大吉，或堅持不承認牠是你所養的寵物而將牠丟棄。

遷移宮有天梁星的人

遷移宮有天梁星的人，天梁必須居旺或居廟才有用。表示在你周圍的環境中有貴人或長輩在照顧，因此你一生過得愜意。所以此命格的人，環境中會有父母或長輩，年紀比你大的人，如哥哥、姐姐等在幫忙你照顧寵物，命十分好了！同時你自己也會喜歡照顧很多人或很多寵物。當遷移宮的天梁在子宮、丑宮、寅宮、卯宮、辰宮、午宮、未宮、酉宮、戌宮時，差不多都有此等好命，家中有人會幫忙你養寵物，如果出去玩，也容易有寵物寄放的地方。年長的朋友都對你有利，只要你提出要求，就能得到幫助。

當遷移宮是天梁在巳宮、亥宮、申宮（為同梁）時為陷落的狀況，表示得不到貴人或家人的幫助。因此你若要養寵物，則得不到別人幫助，一切要靠自己來養了。但是這些命格的人，也多半不喜養寵物，他們覺得：人都快養不活了，還要養寵物幹什麼？真自找麻煩！

遷移宮有天同星的人

遷移宮有天同星的人，因為天同是一顆福星，喜歡享福，偷懶，怕麻煩。無論居旺或居陷，只是表示享到福的程度多寡而已，大多數的人會不想養寵物，以免要清理打掃，十分麻煩。這些人包括了遷移宮有同巨、同梁、同陰的人。倘若家裡某些人愛養寵物，他也會跑來摸摸、抱抱，或撥弄一下說：『好可愛喲！』

遷移宮為天同的人，只喜歡可愛的寵物，如小兔子、小狗、小貓、小羊、小迷你豬等，不喜歡爬蟲類或凶狠可怕、有毒性強的寵物，如果看到這些不善類的寵物，老早就躲得遠遠的，退避三舍了。

遷移宮有太陽星的人

遷移宮有太陽星的人，無論太陽居旺或居陷，其人都性格寬宏、有傻呵呵的個性，對別人的容忍度大。太陽的旺弱，只是表示其人的人生運程的好壞，和環境以及其人內心開朗的明亮度而已。

遷移宮有太陽星的人，大多數是大而化之的人，常常他們自己並不主動要養寵物，怕麻煩。但家人或周邊的人養了寵物，又不好好照顧及管理時，寵物就會跑到此人周圍，最後就變成此人在照料看管了。某些遷移宮是太陽居旺的人，會因為工作忙碌，仍會推拖不想管。但遷移宮是太陽居陷的人，性格很悶，人生和工作都有起伏，反而寵物是他們的最佳良伴，而就此養起寵物來了。你會養雄性、公的寵物。

遷移宮有太陰星的人

遷移宮有太陰星的人，非常重感情，其周圍的人，也會用一種帶有感情、寵愛模式的來對待他。同時，他也是用這種『重情不重理』的方式來對待自己周圍的人、事、物。當太陰居旺時，你周圍對你的感情濃郁，你也會用濃郁的感情回報他們。當太陰居陷時，你本人和周圍環境中的情份都少很多。另外太陰也是財星。當遷移宮的太陰居旺時，代表你周圍是薪水族而生財的，生活充足、富裕。若遷移宮的太陰星居陷，代表你周圍仍是用薪水族來生活，但不富裕，會較窮、較辛苦。

上述兩種格局的人，其實都愛養寵物，尤其會養與人類互動感情的寵物。他們多半會養貓，其次是狗。而且易養雌性、母的。他們會待寵物如情人一般，天天和牠談心情、心事，也會親

來親去，同床共枕，宛如情人一般。將來要結婚的時候，這個寵物就夾在主人和其未來的配偶之間，成為關鍵的當事人。此寵物有舉足輕重之地位。搞不好，主人的姻緣就被寵物破壞了。

遷移宮有武曲星的人

遷移宮有武曲星的人，武曲是正財星，必須居廟，而且不加擎羊、陀羅、火、鈴、地劫、天空、化忌，才是帶財多的正財星。其人一生多財、富裕。前總統府資政吳伯雄先生就有這樣的遷移宮，故家世富裕。**其他較富的是遷移宮有『武曲、天府』的**，其人一定要有富裕的環境才會留下來，否則他會到別處去生存。還有**遷移宮是武貪的人**，表示其周圍環境是一個具有賺取錢財機會多的人，其人好運多，容易爆發財富。以上這些命格的人，都是性子急、愛錢吝嗇，不太會養寵物的人。他們會覺得錢花在人身上較好，花在寵物或畜牲、小動物、昆蟲身上，是不值得的。除非他做是寵物生意，為了照管他的錢財，才會用心在寵物身上。一般來說，他們決不會做寵物生意，也不愛養寵物。

如果有上述命格的人養了寵物，又特別沈迷於其中的話，其命格及遷移宮中肯定有羊、陀、火、鈴、天空、地劫、化忌等煞星，而成為破格的人才會做的事。

也就是說環境太好、太有錢的人，會養寵物，一種是擺面子、擺闊、要別人看到他養名貴、稀有的寵物。一種就是要養有用的能護財看家的凶猛寵物，如養杜賓犬、拳師犬來護院、看家、防盜賊、宵小之類的人。

遷移宮有『武曲、七殺』或『武曲、破軍』時，都是『因財被劫』的格局，主窮困、不富裕。他會非常忙、忙著工作或忙著

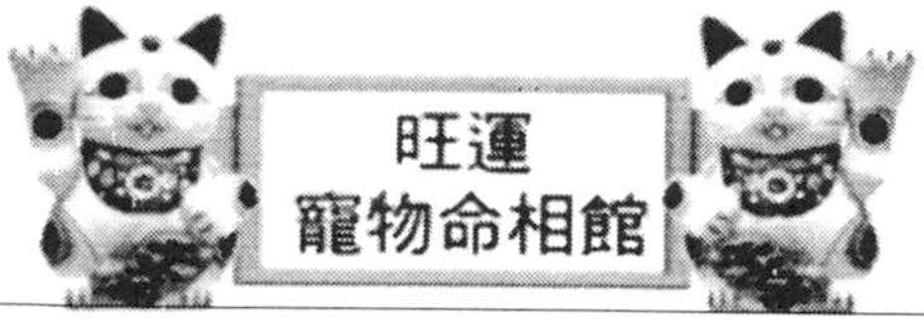

生活。

遷移宮是『武殺』的人，很少會養寵物，你可能會有其他的喜好。

遷移宮是『武破』的人，有大半數的人，較容易養寵物，也容易養流浪狗、流浪貓。有三分之一小氣、勢利的人，是不喜養寵物的。不過，也有許多生活並不富裕的人，人同此心，心同此理的，願意照顧落難的人和寵物的。所以你常可看到那些為流浪動物奔走呼籲的人，多半是不富裕的人。

遷移宮有貪狼星的人

遷移宮有貪狼星的人，貪狼是好運星，必須居旺位以上，不加煞星，才會好運多。凡是有此遷移宮的人，因為環境中好運多，其人也做人圓滑，不想得罪人，但對人也是用圓滑的方法來保持距離的。如果他想和你好，就會和你很親近、親密。如果他不想和你好，就會讓你感覺後此之間有界線和鴻溝，使你怎樣也無法親近他。有這樣遷移宮的人，是不會養寵物的，太麻煩了，因為他也是個善變的人，無法天天看同樣一個寵物很久，喜歡換新鮮的，所以兩三天就對寵物厭煩了。除非家人幫忙養。而且他也會天天外出不在家，因為好運在外面，吸引著他，他必須天天出門，在外閒逛也好，也容易撞見財神和幸運之星。所以他是無法被寵物困住的。**如果遷移宮有貪狼加羊、陀、貪狼化忌的人，**則不喜外出了，反而愛待在家中，就會愛養寵物，而且照顧他們很好。**遷移宮有『紫微、貪狼』的人**，你周圍的環境是一個普通還算平順的環境，因貪狼居平，好運不多，會靠紫微來幫忙平復不吉的事，故你是個喜歡漂漂亮亮，很有格調、不麻煩的來生活的人，因此你也不太會去養寵物，但如果真養了寵物，便一輩子和牠們相依為命的作伴生活了。你容易養儀態高貴嫻雅的貓。

遷移宮有『廉貞、貪狼』的人，因廉貞和貪狼都居陷位的關係，表示你周圍的環境很差，周圍都是人緣不好，令人討厭的人，你自己本身也是人緣不好，常惹人嫌，也屢受不好的待遇。如果你養了寵物，也會是令眾人討厭、批判、鬥爭的對象。你的寵物也是個令人討厭的東西。而且你也常虐待寵物。這些問都是因果循環的，所以你自己的處境不好，也最好別養寵物，以免寵物也受迫害！

不算好的遷移宮，有些反而會養寵物養得好

遷移宮有七殺星的人

遷移宮有七殺星的人，表示環境中就是讓你打拚努力賺錢的環境。所以你天天都很忙、閒不下來。平常你根本沒空養寵物，如果家中有人養，你也就順理成章的養了牠，會負責牠的生活所須的費用。

如果遷移宮有七殺、擎羊的人，表示環境中有刑剋、傷害，要小心車禍及動物利爪傷害，會致命，也要小心被動物攻擊。多年前在非洲有攝影師及遊客為猛虎吃掉，即是命格中有此遷移宮所致。尤其有『廉殺羊』格局時，更嚴重！

遷移宮有破軍星的人

遷移宮有破軍星的人，表示環境複雜、不漂亮，有些邋遢、不整齊、破爛。因此你不在乎寵物有嗅味或髒亂，而喜歡養寵物。有些沒養寵物的人，會因為你家中有人不喜歡養寵物，而你也不敢養了。能養寵物的人，會養一養，就慢慢養很多。也會養很多種類不一樣的寵物。你更會養收來、撿來的，有病的，或肢體殘缺不全的寵物，並細心照料牠們、養育牠們，對牠們很關愛，使寵物覺得進入天堂了一樣。

如果遷移宮有『破軍、擎羊』或『破軍、陀羅』的人，你不一定會養寵物。如果養了寵物，一定是別人丟給你管的寵物，並不是你自己喜歡養的寵物。你對待寵物的感情也變化多端，好的時候不多，壞的時候多。寵物對你來說只會搗蛋，增加麻煩，使你煩不勝煩。遷移宮有『破軍、擎羊』的人，所養的寵物會有陰險特質，常做嚇你一跳的事，也會破壞物品很多，使你破財不少。遷移宮有『破軍、陀羅』的人，你會養到長相醜又笨的寵物，常因為笨而增添你的麻煩。

遷移宮有『紫微、破軍』的人，表示你周圍的環境是表面看起來不錯，但其實內在複雜且變化多。你不太會養寵物，如果養了，一定是小孩或家人養的，你偶而照顧一下牠，為牠花點一錢，但不會多為牠做事。**如果遷移宮有『紫破、文昌、文曲』同宮時**，你根本不會養寵物，但如果養了，一定另有所圖。你周圍環境是個表面美麗，但實際較窮的環境，同時也是個桃花多的環境。你如果養了寵物，一定是愛人送你的禮物，代表愛的紀念品，有一天你們愛情結束了，寵物也下落不明，不知去向了。

遷移宮有『廉貞、破軍』的人，表示你的環境不佳、又破、

◎ ⑩ 用遷移宮（外在環境）來看你是否適合養寵物

又窮、又醜陋。你只是個小市民的人，生活辛苦。但你常不怕辛勞，願意做些養寵物的工作。你還養很多寵物而不嫌麻煩，也會養流浪狗、貓等，很有愛心，但你對環境的標準不高，因此給寵物的生活環境常也雜亂、不重衛生。這是需要注意的，否則會為鄰居抗議，或寵物集體生病而產生危險。

如果遷移宮有『廉破、擎羊』的人，一種是身有殘疾、有潔癖、不喜養寵物。一種是脾氣古怪，會養奇怪的寵物。多年前，台灣南部有一個專門養蛆，給人釣魚用，當時賺了一筆錢，此人就是有此遷移宮的人。但其人生必有起落，目前可能早已不養蛆了，但會養別的古怪、恐怖、噁心的寵物。

遷移宮有巨門星的人

遷移宮有巨門星的人，巨門居旺時，表示你周圍環境中多是非口舌，多吵架之事，也會較吵雜。你周圍竟是些口才好、又喜歡惹事生非的『人、事、物』。所以你老是養寵物，也會養到一個愛叫、嚕嗦，或會咬人，會給你帶來口舌是非或官非的寵物。事實上，你也管教牠不好，你的寵物是一個任性、不受拘束的傢伙，總是連帶主人被罵，所以你最好別養寵物，以防招惹更多的事，或給你帶來災禍及官非（打官司之事）。

當遷移宮的巨門居陷時，事實上你並不愛養寵物。如果有人送你而養了寵物，基本上這個寵物會頭腦不清，有時候牠會悶聲不吭，很靜，有時候會一直吵不停，直到你把牠送走才吐了一口氣，你與寵物應該是八字不合的，所以別養寵物是最明智的決

定。

遷移宮有天機星的人

遷移宮有天機星的人，無論天機居旺、居廟、居得地、居陷，你都是容易搬家遷動的人。你常因讀書、工作，或人生上起變化，或至國外走動，環境常有變遷，因此你不適合養寵物。如果你會在一個地方停留個三或五年，你則會想養寵物了，但是你人生中多是非和變化，很多事都不是你預期的，你想養寵物只是想找寵物陪伴你，但你是三分鐘熱度的人，很快就會覺得寵物是個大麻煩，而想處理掉牠了，基本上，你有點冷血，對寵物較無真正的愛心。

遷移宮有擎羊星的人

遷移宮有擎羊星的人，表示環境對你有刑剋，你會操勞忙碌、善於爭鬥、多煩惱。如果官祿宮還不錯，事業好的人，就會把心思放在工作上，而不會養寵物了。如果官祿宮不好，就會常待在家中懶得出門，則會養寵物自娛。有擎羊在遷移宮的人，環境中會有古怪現象，一種是有潔癖的人，故不會養寵物，一種是環境雜亂、不會整理的人，就會不怕髒亂辛苦，也喜歡養寵物了。

擎羊是刑星，如果擎羊和天相一起同宮是『刑印』格局，便會懦弱受欺負。在遷移宮中最慘，一生受人欺壓，沒好日子過，只能替別人養寵物，養自己的寵物，也會被人欺負的。

擎羊和天梁同宮是『刑蔭』格局在遷移宮中，表示環境中無貴人，也得不到長輩的照顧，你不喜養寵物，也不喜照顧寵物。

擎羊和天同同宮是，是『刑福』格局，在遷移宮出現，其人會有傷殘現象，四肢不全或頭腦不好。如果此人再養寵物，也容易傷害折磨寵物，使寵物四肢不全。即使沒自己折磨傷害寵物的人，也容易養身體傷殘之寵物。

擎羊和太陰同宮或有太陰化忌於遷移宮時，表示你與母的、雌性寵物不合，最好養公的寵物。倘若養到母的、雌性寵物，易因其受傷。或母的寵物不好養，易死掉。

擎羊和太陽或有太陽化忌同於遷移宮時，表示你與公的、雄的寵物不合，最好養母的寵物，會為你帶財來。倘若養到公的、雄性的寵物，易因寵物而導致你受傷、或公的寵物易死掉，不好養。

遷移宮有陀羅星的人

遷移宮有陀羅星獨坐的人，表示你周遭的環境是一種邋遢的、笨的、粗糙不美的，常原地打轉，或拖拖拉拉、堆積雜物不會整理的，或是破爛、惡臭、窮困的環境。因此你若養寵物一定養得邋遢生皮膚病或脫毛脫光了，或養一些昆蟲、烏龜，不需太麻煩的寵物。但最後仍是自生自滅而結束。即使你養了寵物，牠生病時，你也不捨得花錢給牠看病，所以病死的也不少。

遷移宮有火星、鈴星的人

遷移宮有火星或鈴星的人，你喜歡養新奇、時髦的寵物，要是家裡有人一起幫著養，還能養久一點。如果無人幫忙養，你是一定撐不過三天便想把寵物送走了！

◎如何為寵物算命——

你會養的寵物要看當時你的環境中流行什麼，如寄居蟹、蜘蛛、折耳貓、加菲貓、小怪鼠，或是變種蜥蜴等等。

遷移宮有天空、地劫的人

遷移宮有一個天空星或一個地劫星的人，如果沒有其他甲級星同宮的人，表示周圍環境常空茫，你的腦子沒想太多事，故也不會自己養寵物。如果家人養了，你也不反對，高興時逗逗牠們，遷移宮如果在巳宮或亥宮，有天空和地劫同宮時，表示你更不會養寵物了。你根本看不到自己環境中有那些有趣及值得你付出心力的事務，也不會多付出感情，你會每天恍惚過日子。

遷移宮有化忌星的人

遷移宮有化忌星的人，化忌就表示古怪、不合，有刑剋。因此你的環境中會出現一些和你不合，古怪的，對你不算好的人、事、物．因此你也會脾氣古怪。有的人不愛養寵物，如果你好靜、喜待在家中，不愛往外跑，你就容易養寵物。你也容易養到性格奇怪，會讓你麻煩、辛苦，會多少造成你一小部份煩惱的寵物。

有一位朋友說想養寵物，問我說：他適合什麼樣的寵物？因為其人的遷移宮有貪狼居旺帶化忌，表示是好運機會的古怪。從八字喜用神中得知他適合養白的或黑的，或是和水有關的寵物。但是因為其人遷移宮有『化忌』的關係，我知道他雖來詢問對他有利的事，但他未必會照著做。

果然！他買了一隻黃金獵犬回來，黃金獵犬是土黃色，五行屬土，他的八字命格需水，有土是相剋了。再加上他家中坪數小，三個月小狗已長成大狗。在此段時間內，他又結了婚，這隻黃金獵犬真的形成他的煩惱了。再則，每天例行公事的要帶牠外出大小便，狗狗會催人，更是讓他覺得辛苦得不得了。

如果他照我說的，去養白色或黑色、較小一點的狗，或是養魚，就不會有這麼多讓他覺得悶或煩的事出來了。這是因為人和寵物要磁場相合，同站在一個相同的磁場中，才會相合，即使為牠辛勞，你也會感覺有趣和甘心。如果磁場不同，你會只想辛勞痛苦之事，而很少看到寵物可愛、討喜的一面。

11 如何用田宅宮來看你所養的寵物運

大家都知道田宅宮是看有沒有房地產？及房地產有多少的宮位？但是田宅宮同時也是可以看家庭狀況，及家人感情深厚，及家裡會不會出現怪東西的狀況！

當田宅宮有吉星時

當田宅宮有紫微、天府、天相、天梁、天同、太陽、太陰這些星都在旺位時，又沒有羊、陀、火、鈴、天空、地劫、化忌同

宮時，這表示你會有很多棟房地產。而且你的家人相處愉快，做人平穩厚道。田宅宮是人的財庫，是人聚集寶藏的地方，你會小心看守它，不會讓奇怪的人莫名奇妙的侵入，所以你會十分注意安全，不會隨便帶人回家住。在你的家中你也不會隨便養有危險性、會咬人的、有毒的寵物，一定會徵求家人同意以後，才會養乖巧又大家都喜歡的寵物。這個寵物在你家也倍受寵愛。因此一家人甚樂融融。

當田宅宮有殺、破、狼時

當田宅宮有七殺時，表示一生辛苦打拚，會有一棟房子，亦表示你家裡的人，要不是很忙、常見不到面。亦會是家中常有爭執、吵架打很多的狀況。田宅宮有『紫微、七殺』、『武曲、七殺』、『廉貞、七殺』也都有此種狀況。

通常你不愛養寵物，要養的話，你會養很識相、能自保、跑得很快、溜得很快的物，一旦家中有不愉快的氣氛，牠就先溜走藏起來了，不容易害到牠。寵物在你的家中是較沒安全感的。

田宅宮如有『武殺羊』、『廉殺羊』時，表示必會家破，所養的寵物易流落街頭，最好先別養了。

當田宅宮有破軍時，表示其人的房地產有破耗，留不住。同時也表示你住的房子易是破舊或易漏，是花費多的房子。更表示你家中住的人很複雜，相互感情不太好。你可能會把寵物養在雜亂的空間裡，雖然也疼愛牠，但沒法真正的好好照顧牠，會任其自生自滅。

當田宅宮有『破軍、擎羊』或『破軍、陀羅』時，你不適合養寵物，你會住在破屋或窮家的房子中。你會有破碎的家庭，自顧都不暇了，更沒有心情再來養寵物了。

當田宅宮有貪狼星時，無論貪狼星居旺、居陷，你都是與房地產無緣的人。。你家裡的人也彼此相處冷淡，少來往，相互不瞭解、不關心。你待在家中的時間也不多，因此你不會養寵物，你也與寵物沒緣份。

當田宅宮有羊、陀、火、鈴、劫空、化忌時

當田宅宮有擎羊時，表示你的財庫受到刑剋，能擁有房地產的運氣也受到刑剋。所以房地產留不住。同時你家中的人也會相互刑剋不合。你的家人常是使你頭痛的事（常是父母讓你最頭痛）。所以你根本別想養寵物，以防養遭罵和埋怨。

當田宅宮有陀羅時，表示你的財庫受到刑剋、磨破了。房地

產易失去或進進出出不穩定，你的家人中有一些頑固又笨，又和你不合的人，會常起衝突，你的朋友運也不好，你最好別養寵物，否則總是養不好，而有損失死亡之事發生。

當田宅宮有火星、鈴星時，表示你會突然買房地產，也會突然賣掉房地產。你的財庫有不穩定現象，你住的房子也易有尖尖突起的形狀，或有山形、三角形突起的形狀，或是外形是紅色的造形的東西。你的家中一會兒有人很熱鬧，一會兒很冷清、寂靜。你的家中也會住有奇怪的人。例如突然有奇怪的朋友或親戚來住。你也會突然帶奇怪的寵物來家中養。但都養不久。凡有此田宅宮時，最好三思而後行，不要三分鐘熱度，而後讓寵物被轉送而痛苦。

當田宅宮有天空、地劫時，表示家裡常空茫無人在。也表示房地產也易成空。更表示財庫也易空虛。因此你不太會想養寵物，怕麻煩！如果你的田宅宮在巳宮或亥宮，又有天空、地劫一起出現時，表示你對房地產一點也不關心，也不會有房地產，也根本不會想在自家養寵物，你會把寵物養在父母家或兄弟或姐妹家，或朋友家。由他們幫忙照顧。

當田宅宮有化忌星時，都表示家裡有問題，房地產有糾紛或失去、財庫不保。家裡易有錢財或人事上的糾紛，十分麻煩。因此如果養了寵物在家中，一定養不長久，很容易捲入是非爭端，讓寵物和你都倍感痛苦，因此最好就別養寵物了，以免害人害己。

⑫ 在何時教育寵物最有效

通常我們要遊說別人聽我們的話，或要管教小孩要聽話，事實上都要選『好時間』去和他們溝通，才能會有良好效果。所以心同此理了，你要想好好教育寵物，要教導牠們守規矩，知道大小便的地方，或是叫牠坐就坐，叫牠走再走，不要隨便亂吃東西。或是養昆蟲類、爬蟲類，你要在整堙養育箱時，希望牠能避到一邊，好讓你整理，或是你要幫魚缸換水時，希望魚不要受驚嚇，能躲到另一邊的角落，這些都需要教導。而且是你和寵物之間相互信任感和溝通模式受到考驗的時候。所以你非常須要『好時間』來完成這個任務。

◎如何為寵物算命——

很多人想教他的寵物做很多可愛的動作，但總教不會，一方面是主人沒耐心、沒方法技巧，但最大的問題還是『時間不對』！『時間不對』就是運氣不對，是學習的運氣不對，自然學不好東西，而且會有很多意外的東西或聲音，或事情來打斷你們，寵物會分心，或抵抗不學，因此學習就沒有效果了。

講到最有學習效果的好時間，應該是學習者—寵物要有『好時間』。教育者—主人或訓練者也要有『好時間』，雙管齊下，才能教育出好的、技能多的寵物。

（首先必須聲明的是這裡所要談的是家中自己要教育的寵物，而不是訓練廠的教育模式）

寵物和人一樣，都會有智慧聰明度、理解能力的高低。也會和人一樣在某些『好時間』特別聰明，學東西一學就會。但在某些不好的時間，懶惰或軟趴趴不想學，有時牠也會在某些『好時間』聰明過頭，注意力不集中，愛玩而不想學。因此『好時間』裡仍要分『好學的好時間』與『不學無術的好時間』。只有用『好學的好時間』才能教育出能幹、聽話、技藝多的寵物。

有時候寵物的命格與心態也是決定寵物能不能學好東西的重要關鍵。例如序中提到的那隻七殺坐命的狗是肯學、肯工作，願意效忠主人、聽話、要牠學什麼，馬上牠就會自認為是自己責任的狗。而且會自己找事做，自己找事來管，儼然是家中具有某些權力和某些地位的一方人士了。通常牠們也會自以為是人，或是你家中的小孩，也覺得自己有權位和責任義務，因此這種寵物是非常好教導的，隨時時地便能教導。如果再配合『好時間』來教牠，效果更快速而且巨大。

有些寵物天生喜歡撒嬌耍賴的性格，而且根本不理睬主人說的話或示意，隨意大小便，等養成習性，就會很難改變，你就會

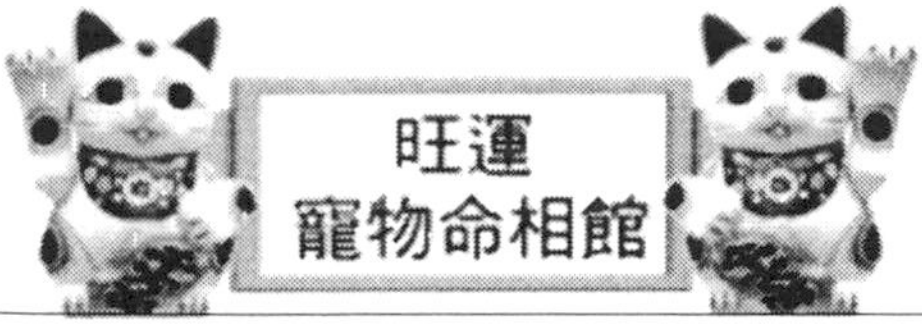

很頭痛了。

我們先看寵物的好時間。

寵物的好時間怎麼看

所謂寵物的好時間有兩種看法：一種是寵物能知道生日生時的，就能印出命盤來找牠的『好時間』了。一種是不知道寵物生日生時的，也不知道寵物命格的狀況，就要另行想方法來知道『好時間』的所在了。

能知道寵物生日、生時，就能印出命盤，知道寵物命格的

首先你將寵物的命盤列印出來，先找出紫微星在那一宮，紫

微星所在的宮位，所代表的時間，是該寵物一天中最好的時間。牠會非常講道理、重視面子問題，如果好幾次學動作學不會，你罵牠笨，有時牠也會不爽，而殆惰，但多半時候會好面子而學會。其次要找文昌、文曲、天梁、太陽或化祿、祿存等星曜所在的宮位的位置。

『太陽、天梁、文昌、化祿或祿存』這些星曜是『陽梁昌祿』格所必須具備的主體星曜，是古代能考中狀元，具有考試運、讀書運的人所必須具備的格局。現在引申為很會讀書的時間，與學習能力超強的時間。寵物的學習能力的時間也和人一樣。因此運用這些星曜所代表的時間，就能讓寵物學習到你所教給牠的一些技藝。

現在將一些星曜在時間上所代表的意義解釋一下。

太陽星所代表的時間

太陽星在命理上代表『官星』，就是事業之心。太陽必須居旺，凡是生物類的走到牠命盤上的這個時間時，例如太陽在午宮居旺，此生物走到午時的時間時，便會活動力增強、好動，對新鮮事好奇，也喜歡學習一些新的東西。任何寵物都一樣，你若可在此時教導牠一些東西，牠便可很快學會。倘若寵物的命盤上之太陽是居平陷位的，在酉宮或戌宮、亥宮、子宮、丑宮，官星居陷則寵物的學習能力會差一些，須要更多耐心來教導牠了。

天梁星所代表的時間

天梁星在命盤上代表『**蔭星**』，有神助、保佑或父母的照顧，天梁也代表愛惜名聲，**天梁也必須居旺**，寵物在這個時間裡，因為會得到主人的特別關愛，讓牠感覺到特別受到溫暖的照顧，就會認真學習。因此學習能力也很強，如果再多用誇獎，和食物上的獎勵，會更讓牠覺得學習是好康的事，而樂此不疲了。

天梁星會在巳宮、亥宮、申宮居陷位。**在居陷位的時間裡**，非但寵物喜自作主張、不愛學，而且你也無足夠的時間來教牠，或者教的時候很馬虎、很急躁，或常罵牠，以致讓寵物覺得無趣而不想學。因此此時間不可利用。

文昌、文曲所代表的時間

文昌所代表的時間

文昌必須居旺，不可陷落。文昌會在寅、午、戌等宮居陷。**居陷的文昌**，表示粗裕，不愛學，學不精，或根本不學，也不精明、計算能力更差，頭腦笨，傻哈哈，不愛乾淨，不愛漂亮。有時也容易耍無賴，賴著不學。

居旺的文昌所代表的時間，最好在丑宮、巳宮、酉宮等宮為居廟，在申、子、辰等宮居旺，也較佳。在卯、亥、未等宮居平是稍差一點的學習能力，也差強人意，仍可學習。**在文昌居旺的時間**，寵物會精明幹練、精神好、外表斯文、頭腦清楚，穩重。凡事都有一個計算，計算能力好，也愛漂亮整齊，學東西或動作，會乾淨俐落。例如寵物是狗狗，要教牠跳高、跳遠，撿飛盤，牠會算高度和遠近距離很精確，矢無虛發，每次都能很準確的跳躍很高去撿拾飛盤。

文曲所代表的時間

文曲也和文昌一樣是在寅宮、午宮、戌宮等三宮是陷落的，而無用。學習力不強，文曲星並不是『陽梁昌祿』格中的星曜，因其和文昌是同一組的星曜，因此也會被提及。再者，**文曲在學習上代表韻律感及身體動，或歌唱、音樂運動方面的才華**，寵物學的就是運動和韻律感的事情，自然文曲的時間對於寵物來說很重要了。文曲除了在寅、午、戌宮三宮居陷之外，其他大都在旺位。因此，很有利於訓練寵物技藝。**在居旺的文曲時間內**，表示牠會喜歡玩耍，愛熱鬧，凡是能耍寶、逗樂子的事，表現可愛的事，牠都愛學。牠也會愛美、活潑、精明、好動、精神好，因此只要逗著牠玩，也能教牠許多動作。

祿星所代表的時間

化祿和祿存，統稱為『祿星』。祿星也是財星。祿星所在的時間，通常都是人緣桃花強、機會好，很圓滑，會挑選對自己有利的事情做。也會迎合別人。使別人對自己好，是很會攏絡人的時間。化祿和祿存也是『陽梁昌祿』格中很重要的一環。如果是有『陽梁昌』而沒有祿星的話，則此人或此寵物所學習的東西會成為沒有用的技藝、學了也是白學！因此一定要有祿星，才會學有用的東西。

化祿有『十干化祿』，是依出生的年份來定的。

例如：甲年生的是廉貞化祿。
乙年生的是天機化祿。
丙年生的是天同化祿。
丁年生的是太陰化祿。
戊年生的是貪狼化祿。
己年生的是武曲化祿。
庚年生的是太陽化祿。
辛年生的是巨門化祿。
壬年生的是天梁化祿。
癸年生的是破軍化祿。

◎⑫在何時教育寵物最有效

祿存所在的宮位

甲年生的，祿存在『寅』宮。
乙年生的，祿存在『卯』宮。
丙年生的，祿存在『巳』宮。
丁年生的，祿存在『午』宮。
戊年生的，祿存在『巳』宮。
己年生的，祿存在『午』宮。
庚年生的，祿存在『申』宮。
辛年生的，祿存在『酉』宮。
壬年生的，祿存在『亥』宮。
癸年生的，祿存在『子』宮。

在有祿星的時間中教導寵物，寵物會因要討好主人而學習能力強，你如果能找到這些時間來教導牠，寵物能學個一招半式，是不成問題的。但你仍要注意的是：**在『祿存』的時間中**，寵物牠只會學或做動作，只做一點點，學一點點會了就不再學了。因為這是個很保守、很小氣的時間，牠會一直想著你手上的獎勵食物，不想多學。**在化祿的時間中，要以居旺的太陽化祿的時間學習能力最好。在太陰化祿的時間中**，寵物會一直跟你撒嬌，不好好學，勉強學一些。**在天同化祿的時間**會懶惰，常偷懶。**在天機化祿的時間中**會自做聰明，但有時也會按部就班的做好動作。**在廉貞化祿和貪狼化祿的時間中**，會有外人或別的寵物來打擾，有交際應酬，會使寵物訓練打斷。**在武曲化祿的時間**，必須要合寵物的價值觀，要讓牠覺得必須學習，而且學習後有大利益正等著牠，牠就會學得很快了。**在巨門化祿的時間**，寵物會很嚕嗦，一直纏著你和你表示隨便玩玩就好了，不要太嚴格學習。**在天梁化**

◎如何為寵物算命——

祿的時間，表示寵物放不開，你也放不開，害怕會受傷或被打擾，很小心在學，不一定學得好。**在破軍化祿的時間時**，表示寵物會耍無賴、不想學，只想玩，或吃，有點不學無術。

以上是能知道命格，所能挑出寵物學習能力強的好時間。

絕大多數的時間，你是無法清楚的知道寵物的生日，也無法印出寵物命盤的，要如何尋找教育寵物的好時間呢？

在這裡就教你一個重要的小撇步了！

你可以運用你自己的命盤，來找出你自己最適合當老師來教導寵物學習的時間！

怎麼找！

那就是你也在你自己的命盤上找出『陽梁昌祿』格的時間來利用。『陽梁昌祿』格的時間不但是在學習上、讀書上、考試上是最優等的時間運氣，同時，也是為人師、做老師最會教導別人、用好的方法，讓別人能學習到最佳知識的時間。在『陽梁昌祿』格中，太陽也代表工作，天梁也代表名聲和照顧別人，以及為人師的智慧。文昌代表方法上的知識、計劃，計算能力上的精準性、對事務清晰瞭解、分析的能力。祿星代表是有用的結果。所以在『陽梁昌祿』格的時間上最能教導別人，也最有方法教導別人，做事會有成果。

倘若你本人『陽梁昌祿』格不成格（必須在三合或四方宮位形成），也沒關係！你仍可利用命盤上之太陽、天梁、文昌、祿存或化祿的時間來做教寵物的這件事、訓練牠們在定點上大小便，或玩樂些遊戲，或開門，拿東西等動作。牠們仍會學得好的！

◎如何為寵物算命——

13 特殊命格的人會養古怪寵物

命理學是一門集歸納、統計、分析為一身的學問。它會將相同性格的人歸納、整理在一起，而知道在此性格下的人，遇到事情時，最後會做出什麼樣的決定？或是經由何種途徑、手段來達成自己的願望。

通常，我們稱溫和、保守，不超出一般人行為法度的人的命格為普通命格，也就是大多數人會有相同的想法與做事、決斷事情結果相同的人為同一類的普通命格。而想法古怪、略帶叛逆或思想決斷和常人不一樣的人的命格為特殊命格。

例如：命格中有擎羊、陀羅、鈴星、火星、天空、地劫、化忌等煞星的人，都會在思想上、決斷事情上和別人有不一樣的想法，因此都可歸為特殊命格。由以這些星曜單星獨坐在命宮中為最甚，其他如破軍坐命、廉破坐命的人、武破坐命的人及紫破坐命的人，會因行事大膽、思想及行為邏輯喜歡超出常人的道德規範，這些人中也會有較極端的想法和行為，對於寵物，要嘛就是怕麻煩，或怕髒、怕被咬、很嫌棄！要嘛！就是愛得不得了！愛之入骨。有些破軍坐命的人，也會養些古怪的寵物，如蜥蜴或蛇，或是不常見的動物。有一回，我在南部的鄉間看到有一家院子裡養著鹿不像鹿、馬不像馬的動物，打聽之下，才知道是駱馬，是農民自大陸偷運來賣的。一看牠的主人相貌就屬於廉破坐命的人。

又有一回我參觀桃園附近一間養金雞的飼育場，土地光禿禿的，本來以為金雞應養在綠草如茵，繁花似錦的地方，卻不然。

這間飼育場還育養孔雀、珠雞、白鷴、帝雉等種類的較稀有的禽類動物。也有一、兩隻食火雞在其中。牠們的主人也是外型像破軍坐命的人。

一、二年前，我在電視上看到一個人以養蛆為業，供給魚店或釣魚客釣魚，月入上百萬元。這個人一看就知道他是『廉破羊』坐命的人，才能如此不怕髒臭，只為賺錢而能操此業了。

雖然這些動物和禽類已不是牠們主人的寵物，而成為主人的事業了。但你仍可看出命格特殊的人，會養和別人不一樣的寵物來。

現在來談談：那些特殊命格的人會養古怪的寵物

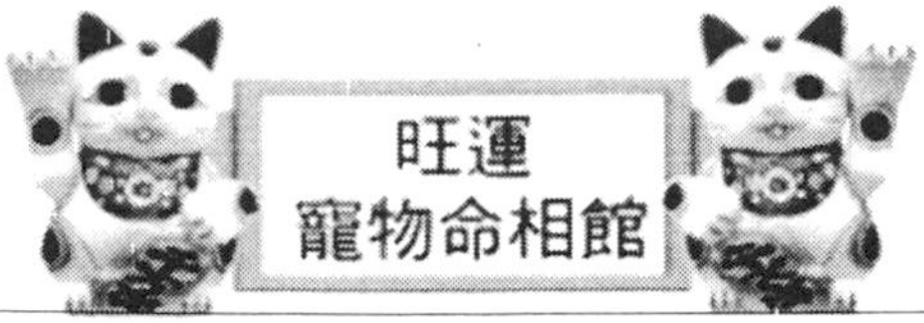

特殊命格會養古怪的寵物

命宮有擎羊的人

命宮有擎羊的人，包括所有的命格中無論是否有吉星同宮，例如：『紫相、擎羊』坐命或『天府、擎羊』坐命或『太陽、太陰、擎羊』坐命，只要命宮中有擎羊星，即是。只要命宮有擎羊出現，但會有兩種狀況，一種是其人很愛乾淨、有潔癖，當然不太會養寵物，怕牠們造成髒亂，性格是超古怪、龜毛的。一種是自己本身就很髒很亂了，因此不怕髒亂，很喜歡養寵物，但寵物也未必打理的好，常常寵物也髒兮兮的。

很有趣的是：很多人認為命宮有擎羊的人，會心狠手辣、口舌鋒利，凡事都很強勢，要佔上峰、不肯吃虧、善於心機，會耍手段。甚至連他們養的寵物都較凶狠陰險！

其實不然的！命宮裡有擎羊居廟的人（在辰、戌、丑、未宮），會性格強勢、多謀略，是屬於陽剛性的凶悍，命宮裡有擎羊居陷的人（在子、午、卯、酉宮），會遇強則懦弱，平常很強勢，也是較善於心機，會耍較陰險手段的人。

所有的命格有擎羊的人，其實都有一個共通的性格，那就是對很多人、事、物很挑剔，很重視，很小心，很計較！他自己喜歡的東西或寵物，或人，就會愛得要死，欲罷不能。他要是不喜的東西，或寵物或人，就看也不看一眼，更別說是先放在他那邊，叫他幫忙養一養了，同樣的！他自己愛的寵物，就會為牠付出很多，任勞任怨，但不許別人批評他及牠的寵物。

命宮有擎羊的人，喜歡鑽牛角尖，因此對專業的事情很拿手，如果他養寵物也會對自己的寵物拼命去瞭解，去讀很多書或

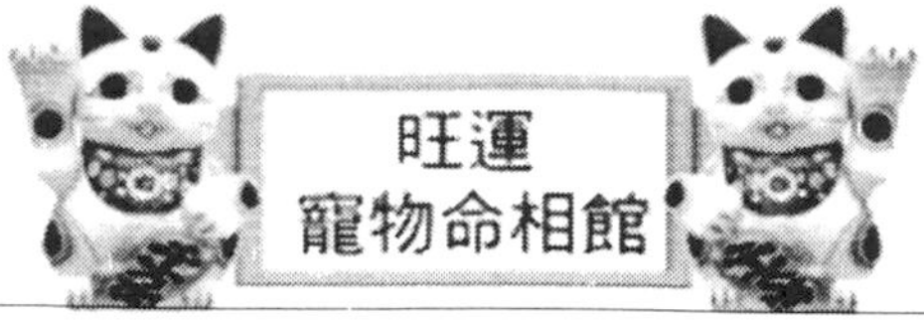

找資料來瞭解。不愛唸書的人，會丟向獸醫或向寵物的賣家來打聽。命宮有擎羊的人，是適合做醫生的人，他們不怕血光、破爛，或長相醜怪、噁心，這些他們全能克服，而能把狀況料理好。所以命宮有擎羊的人養寵物，如果寵物生病了，他是會自己替寵物治病療傷的喲！

命宮有擎羊的人，到底會養那些古怪的寵物呢？

命宮的擎羊倘若是居廟的話，大致上還會養一般貓狗，或市面上較常看到的溫馴之類的寵物。有時也會養食人魚、蜥蜴、小鱷魚之類的動物做寵物。如果命宮的擎羊居陷的人，又會養寵物的話，則容易養具有毒性的寵物。

朋友請我去他的朋友開的店吃飯，店中有很多水箱，養了很多魚，有一缸養了一隻河豚，據說是店主的寶貝。河豚很不容易養，勢必老闆花了一番心血。老闆聽說我會算命，於是堅持要我幫他算算看。命盤印出來，赫然發現是擎羊、火星、天空坐命酉宮的人，這正證實了，擎羊居陷坐命會養有毒的寵物之事。而且命宮還有火星、天空等星，也是易養古怪寵物的命格條件的人。

幾年前，我要整理儲藏室，赫然發現儲藏室中有一隻如手掌般大的蜘蛛，而且腹部鼓鼓的，像是正要臨盆快生出小蜘蛛了。哇！這怎麼辦才好呢？萬一生出一大堆小蜘蛛豈不頭痛！於是我到處求救，鄰居的先生說，他的兒子對蜘蛛有研究，可幫我捉蜘蛛，於是我趕忙請求他快把兒子帶來。

來的是一個小學生模樣的小孩，手上拿著一個寬口瓶，還有一隻像樹葉樹枝般的東西。我正懷疑這個小學生模樣的小孩是否能擔此重任之時，他很鎮定的和蜘蛛對峙二、三秒，用樹枝一撥，蜘蛛就進入瓶子中，被他收服走了。動作乾淨俐落。鄰居的先生說，他的小孩對研究蜘蛛特有興趣，曾去網上買外國的蜘蛛來養，這次抓到這麼大的蜘蛛，非常高興！他說，他也不知道小孩為何獨獨喜歡養蜘蛛，又對蜘蛛的生態感興趣，不過，他認為小孩很乖不會做壞事，只是喜歡研究，也是不錯的，所以也很支持他了。再則，小孩也很小心，知道有些蜘蛛有毒性、防禦措施都做的很好。

後來，小孩的媽媽為了要瞭解小孩的讀書狀況，來找我為小孩算了命，因此知道這喜歡蜘蛛的小孩是巨門、擎羊坐命午宮的人。這也證明了命宮有擎羊居陷的人，會養有毒性的寵物了。

命宮有陀羅的人

命宮有陀羅的人，包括了單星坐命的人，和命宮中有其他吉星如紫微、天相、天府、天同、天梁、太陰、武曲或命宮有七殺、破軍、貪狼星所有命格的人。

命宮如果在辰、戌、丑、未等宮位，有陀羅的話，其陀羅是居廟位的、較旺，如果是命宮在寅宮、申宮、巳宮、亥宮有陀羅的話，陀羅是居陷位的，是較凶的，較有刑剋的。所以如果是紫府、陀羅坐命的人，就會是陀羅居陷的人，紫府再有錢，陀羅都會使其耗財，而只是小市民命格了。

有陀羅在命宮中的人，大多數是悶葫蘆性格的人，不太吭聲、很頑固、多是非，凡事對別人懷疑，尤其會懷疑自家人或和他相好的好朋友。想事情或理解力很慢、反應慢、較笨。他容易相信剛認識的人，以為陌生人和他無瓜葛較不會騙他。其實他最易上當受騙，也不敢告訴家人或別人講。

陀羅就是陀螺，是一種原地打轉的玩具。陀羅坐命的人也會像陀羅一樣，有事放在心中打轉，轉不出來、很悶、自囚。他鑽牛角尖，是會一面鑽、一面用繩子繞在自己脖子上，最後會勒死自己的人。因此有陀羅入命宮的人，如果他會想不開，別人是很難幫他忙或開導他的。

凡是有陀羅入命宮的人，大多不怕雜亂、髒亂，實際上，他也容易處在是非多、或雜亂、髒亂、不漂亮、不整齊的環境之中。如果有陀羅入命的人，在漂亮高級的大機構上班，一定是非多，鬥爭多，也待不久。如果陀羅入命的人，住在高級大廈或豪宅中也會家宅不寧，或有盜賊侵入，或鄰居不和或錢財不順、住不久，這都是因為陀羅的關係，因此他們住一般的住宅，過小市民的生活、是非多、一生奔波、波折大、不清閒，用體力上的勞動來化解精神上的痛苦反而是對他們好的，也容易解除憂鬱煩惱的，所以陀羅坐命是耐磨、耐操的人，但有時他也超懶的，須要鞭策他才會動起來。

命宮有陀羅的人要養寵物，若家人或朋友反對他養，或告訴他，他所養的寵物會有何種不利於他的事情，他也不會相信，而堅持頑固的要養，因為他們會對事情很低估，想法天真，又做事的方法很粗糙，凡事不服輸，執意要自己做主。而且命宮有陀羅的人，很容易買到有瑕疵、缺陷的寵物。原因就是他們很容易貪小便宜而上當受騙。等到發現寵物有缺陷時，也感覺自己受騙上當時，就對此寵物沒興趣了，會隨意的丟棄或讓牠自生自滅。

命宮有陀羅的人，也會輕易聽信路邊的小販的推銷而買一些古怪的，或是保育類違禁的寵物來養，亦會一時興起養幾天，覺得麻煩，或心煩了，便置之不理或丟棄了。

命宮中有陀羅的人，容易養動作緩慢，或感覺不靈活，動作變化不大的寵物，例如烏龜、蟒蛇（常蜷起來不太動）、蝸牛、鍬形蟲、獨角仙，或綠蜥蜴，或像天竺鼠，關在籠子中不放出來的動物。陀羅居廟的人，如果養寵物養狗會養體型壯大的狗，如鬆獅狗、黃金獵犬、拉布拉多等，外表憨厚的狗，養貓也養體型大而憨厚的貓。陀羅居陷入命的人，會養體型小又怪異的寵物，如刺猬、或海膽類有帶刺的動物，也易養食人魚、血鸚鵡等具有危險性、會攻擊人的寵物，原因是有陀羅在命宮的人，本身腦子慢半拍，不喜歡別人比他聰明，因此愛養動作慢的動物，或笨得可愛的動物。陀羅在命理上它是一陀鐵塊，不怕針刺或刀磨，因此有刺的、有毒動物他不怕，反而覺得牠們可愛，又可拿來向朋友們炫燿，是故喜歡養。

命宮有火星的人

命宮中有火星的人，是性格容易衝動、性急、脾氣壞的人。

常常做事衝動，被人鼓吹一下，就會耗財買了一些不需要也不重要的東西了。亦會一時興起，被同行的朋友煽動或激發聽到同行的朋友一直說：好可愛！他也覺得好可愛，一下子就把寵物買回去了。他又常三分鐘熱度養不久，也許第二天便要找人送出去了，實際上他們每天也靜不下來，自然待在家的時間少，如何能養育寵物呢？如果家中再無人幫忙養，只有將寵物送人一途了。

火星入命宮的人，非常愛時髦、凡事愛搶先，尤其店家說此寵物是全國或全市唯一的，再也找不到第二隻了，他鐵定會馬上買回去。但是也很容易受騙。

火星入命宮的人，愛養奇怪的寵物，也喜歡動作快，動作乾

淨俐落，靈光一點、聰明一點，他們也多半喜歡養紅色、咖啡色、土黃色等系列的動物。火星坐命的人，其人本人的性格也是古怪的，因此易養單隻的、孤獨的、動作快的中小型一點的寵物。命宮的火星居陷時（在申、子、辰宮），易養帶毒性的寵物，如毒蜘蛛、蜈蚣等等，但未必養得久。他凡事都是三分鐘熱度，熱度一過，便視寵物如無用累贅之物，要快快的丟棄了。命宮有火星居陷的人，心胸更陰毒、狹小，也易養育有毒之寵物來害人、整人，以此為樂。

命宮有鈴星的人

命宮有鈴星的人，也是易衝動、性急、脾氣壞的人，他不像有火星坐命的人那樣遇事或吃虧了會大吵大鬧，反而會很陰沈的想報復的點子。此命格的人很愛時髦流行的東西，尤其對高科技的物品趨之若鶩，像手機、電腦等3C產品，喜歡跟著流行換新款式的。自然多半的鈴星坐命者，不愛養寵物，如果是新發明上市的電子狗、電子寵物，就很快去買來養。

如果是養電子雞，他也會在無聊時去養，但養活的寵物，就非得還具有其他性格特質的人，才會去養的吧！

命宮有鈴星的人，喜歡養聰明、動作快、又能配合他行動的寵物。有時也容易被人鼓吹買了寵物自覺上當，但很快的他就會想出讓人哭笑不得的方法回敬回去了。鈴星入命宮的人，和火星入命宮的人不一樣。火星入命宮的人會報復會大張旗鼓的報復，結果雷聲大雨點小，或別人早已知道防衛了，使他報復不成。而鈴星入命宮的人比較聰明，會不動聲色，無預警的報復，使人措手不及而驚嚇到。

命宮有鈴星居廟的人，沒耐性，平常不太愛養寵物，要養會養會看主人臉色，會躲很快，跟主人會保持距離、不太會親密互動的寵物，也會養一些市面正流行，但養兩、三天就會找人、找地方處理掉的寵物。命宮有鈴星居陷的人（在申、子、辰宮），他一定會是某種原因、計謀才養寵物，而且易養市面正流行的，或是有毒的，或是稀奇的寵物。他會為達成自己的目的，而不顧寵物的死活，把寵物隨便放置，任其自生自滅，或用完一次之後就拋棄不要了。例如說他一時喜歡買了大蜘蛛去嚇人，用完了就隨便一丟也不管蜘蛛是否有毒性，會傷人、害人。

命宮有天空星的人

命宮有天空星的人，包括了有吉星或其他星同宮的人。只要命宮中有天空星，表示你是常常腦袋裡有天真的想法，或是腦袋裡有一塊空白的地方，會不經世事、不世故，很多事你也會想不到。做什麼事你都易丟三落四，或做事不周詳、不完整，有些事或小節骨眼沒想到，而事情功虧一潰。

命宮有天空星的人，喜歡發呆，常腦子一片空白，會恍神、做事讀書都不專心。所以他若養寵物，常會忘了餵食或給水及整理。寵物因此易餓死或逃走。他也容易被人鼓勵或一時興起而買寵物，但寵物常因養不好而死掉、走掉。

命宮中有天空星的人會養奇怪的寵物多半是新奇少有的動物，如白化刺蝟，或怪異的昆蟲、蝴蝶、品種特殊的小型的，或

◎如何為寵物算命——

水族類寵物，例如前一陣子流行透明彩色的水母，他會養，還有許多奇怪的寵物，他都會養，命宮有天空星的人，多半有點不食人間煙火的味道，不重實際，根本不考慮自己的環境如何，也不考慮寵物要如何生存，一時高興就買來養了，以後產生很多問題，也不積極解決，自然寵物的耗損率是很大的。

命宮有地劫星的人

命宮有地劫星的人，包括了有其他星一起同宮的人。表示你常有古怪的聰明，容易道聽塗說了什麼事情而據為己有，成為自己的想法和觀點。所以你可能在路上走，偶而聽路人交談，說現在正流行養什麼寵物非常好，你就會馬上到寵物店去買一隻帶回家養了。

命宮有地劫星的人，是幻想多、好動、好變、喜歡標新立異、不喜怒無常、花錢多、耗財凶、存不住錢，但對別人吝嗇，也容易和人有是非的人。有些人會少和別人來往，也不愛養寵物。有些人則易仗著自己聰明、愛捉弄別人。**地劫入命宮的人**，養寵物都養不久，從小就易捉青蛙、蝌蚪或田鼠來虐待、嬉戲。長大了，會用長像古怪或有毒的寵物來嚇人、整人。

我在大學裡教書，就曾經有一位學生帶著蜥蜴和一隻不知名的動物的蛋到學校上課，引起同學間譁然。這位同學其實非常聰明、學東西很快，但老是會做一些叛經離道的事情，讓老師頭痛，這就是命宮有地劫星的人的狀況。

命宮有化忌星的人

凡是命宮有化忌星的人，都會心情很悶、是非多，性格古怪，有些話少，有些廢話多，有兩極的狀態。這些命格的人對自己的喜好也有特殊的偏執，而且又不穩定。例如你告訴他要養白色或黑色的寵物才會對他好，會為他帶來旺運，但他卻最終會養一隻土黃色的寵物，是一隻不利於他的寵物。

命宮中有化忌星的人，就是天生有忌星在阻礙其想法及前程的人，故做什麼事都會想法和別人不一樣，要走繞遠路的路，或重走一次的路。也會相同的錯誤犯了五、六次，或七、八次才回過神來，才明白過來再回正路上。所以他們不太喜歡養寵物，或要養很多次才會成功。

所以命宮中有化忌星的人會養的寵物，常都是周圍的人很反對養的寵物，而他一直很辛苦的撐在那裡，常被人罵，或被人搗蛋，寵物跟著他也很辛苦，每天提心吊膽的生活，常易受驚嚇。

命宮有化忌星的人，他所會選擇的寵物，有其古怪性。他會選膽小的，有一點聲音就躲起來的寵物。也會選擇一些不願意示人的小寵物。例如說他養蟒蛇，或有毒性的寵物，就不太願意讓別人看到、怕別人來攻擊他、嚕嗦他。

⑭ 結論——旺運寵物一家親

在我們研究了這麼多的寵物的命，和人的命之後，你會發覺！咦？奇怪？為何好像算人的命比較多哦！為什麼有時候說是算寵物問題的，又變成算人的問題了呢！

這個問題好像數學代數一樣，當題目有個未知數要求答案時，勢必要用另一個數代入而解算出來。因此在養寵物之前，你對牠不瞭解，牠就是個未知數了，而你瞭解自己多一些，你自己就是個已知數了，因此用已知數代入而求出答案出來，就是正確的解答！

很多人喜歡把什麼都對自己好、對自己一面倒的東西拉攏過

◎如何為寵物算命——

來。當然要養寵物，也絕對要養旺運寵物才過癮！

有些人問我：『收養流浪狗是不是不好？因為牠們會變成流浪狗，一定運氣不好？會不會為我們家帶衰呢？』

其實流浪貓狗和我們人一樣有運氣運行變化流轉的起伏的規則性的。人有時運氣不好，我常說：不怕！不怕！因為三個月人的運氣就會大翻轉，變一變了。人的運氣是跟人身體上的血液三個月會造新血的機能而變化轉變的。所以人要多運動，身體好，就會容光煥發而轉運了。

所謂的運氣又是跟時間的流轉，一分一秒的前進有關的，你前一個小時的運氣和後一個小時的運氣不一樣。前一個月和後一個月的運氣不一樣。前一天的運氣和後一天的運氣不一樣。運氣是會變的，動物也和人一樣運氣是會變的。流浪貓狗也許前一段時間的運氣不好，但你收容牠之後，讓牠有了新家，生活正常，自然運氣就轉成好運了。牠的惡運、衰運也到底了，接下來也都是旺運的時候了，哪還會為別人帶衰呢？

再說！**每個人都走自己的運氣，別人是根本影響不到你的**，如果有些人被騙了、或股票失利，生意失利，那是他自己個人的問題，是自己腦子想法不周全，或太貪利而風險大，應從檢討自己著手，不應把自己不好的事怪罪到別人頭上。如果一直是怪罪他人，那你的衰運還會更多，因為都一直無法痛定思痛的改正過失嘛！

每個人都走自己的命盤上的運氣，不論大運、流年、流月、流日、流時都一樣，你走不到別人命盤上的運氣去，所以別人有偏財運，你沒有，就要認命好好工作，賺正職、正財的錢。千萬別胡想、瞎想的走旁左道，會讓自己更衰，那就很明顯的不是養什麼寵物而能讓你改運的了！你要改頭腦才行的了！

養寵物是一種為自己塑造有情深意重、溫暖愛情多』的環境。每個人在這種溫暖、愛情多、重情義的環境下生活，每天都處在心靈有幸福感蕩漾的時間、空間裡，自然會孕育出無限的好運、旺運出來。如果你的小孩也在這種環境中長大，家庭中父慈子孝、和煦的氣氛，未來子女的成就都會超出常人很多出來。**所以養寵物會對別人感情上的舒發有極大的影響。**

如果你喜歡養的是另類的、奇怪的寵物，多對牠們瞭解一點，未來在生化科技上，或動物知識上有專業的能力，你也可能成為新的專家或科技人員，未來也可能成為造福人類的生力軍呢！

今年年初時，我們家新收容了一隻流浪狗，在家裡十分乖巧、黏人，如今大半年了，我也沒發現衰運的事，所以可證明收養流浪貓狗，給牠們一個溫暖的家，是不會帶衰運來的，反而你更知道你愛牠，牠會給你溫暖的回報，讓你心裡暖暖的。相對的，在你面對外面處理事情時，你會更圓融、更寬宏。這些愛動物、愛寵物的經驗也會反映到人身上去。人圓融了，人緣好了，機會就多了，事業、生意也會發達了，這不就是旺運嗎？所以呀！只要你敞開心胸，願意把愛付出給你的寵物，寵物會為你帶來旺運的氛圍是鐵定有的！這就名符其實是『旺運寵物一家親』了！

熱賣中

實用紫微斗數精華篇

學了紫微斗數卻依然看不懂格局，
不瞭解星曜代表的意義，
不知道命程形局的走向，
人生的高峰時期在何時？
何時是發財增旺運的好時機？
考試、升職的機運在何時？
何時才會交到知心的好朋友？
姻緣在何時？未來的配偶是一個什麼樣的人？
一生到底能享多少福？成就有多高？
不管問題是你自己的，還是朋友的，
你都在這本書中找得到答案！
法雲居士將紫微斗數的精華從實用的角度
來解答你的迷惑，及解釋專有名詞，
讓你紫微斗數的功力大增，
並對每個命局瞭若指掌，如數家珍！

紫微姓名學

法雲居士⊙著

紫微姓名學』是一本有別於坊間出版之姓名學的書，
們常發覺有很多人的長相和名字不合，
此讓人印象不深刻，
有人的名字意義不雅或太輕浮，以致影響了旺運和官運，
紫微命格為主體所選用的名字，
最能貼切人的個性和精神的好名字，
然會使人印象深刻，也最能增加旺運和財運了。
姓名』是一個人一生中重要的符號和標幟，
表達了這個人的精神和內心的想望，
人父母為子女取名字時，就不能不重視這個訊息的傳遞。

雲居士以紫微命格的觀點為你詳解『姓名學』中，
須注意的事項，助你找到最適合、助運、旺運的好名字。

命理生活新智慧・叢書32

熱賣中

紫微推銷術

『推銷術』是一種知識，一種力量，有掌握時機、努力奮發的特性。
同時也是一種先知先覺的領導哲學，
是必須站在知識領導的先端，
再經過契而不捨的努力
而創造出具有成果的一種專業技術。

『推銷術』就是一個成功的法則！
每一個人或多或少都具有一點屬於個人的推銷術，
好的推銷術、崇高的推銷術，
可把人生目標抬到最高層次的地方，
造就事業成功、人生完美、生活富裕的境界！
你的『推銷術』好不好？
關係著你一生的成敗問題，

法雲居士用紫微命理來幫你檢驗『推銷術』的精湛度，
也帶領你進入具有領導地位的『推銷世界』之中！

法雲居士⊙著

金星出版

如何創造事業運

人生中有千百條的道路，
但只有一條，是最最適合你的，
也無風浪，也無坎坷，可以順暢行走的道路
那就是事業運！
有些人一開始就找對了門徑，
因此很早、很年輕的便達到了目的地，
成為事業成功的菁英份子。
有些人卻一直在茫然中摸索，進進退退，虛度了光陰。
屬於每個人的人生道路不一樣，屬於每個人的事業運也不一
要如何判斷自己是否走對了路？
一生的志業是否可以達成？
地位和財富能否得到？在何時可得到？
每個人一生的成就，在紫微命盤中都有顯示，
法雲居士以紫微命理的方式，幫助你檢驗人生，
找出順暢的路途，完成創造事業運的偉大工程！

紫微成功交友術

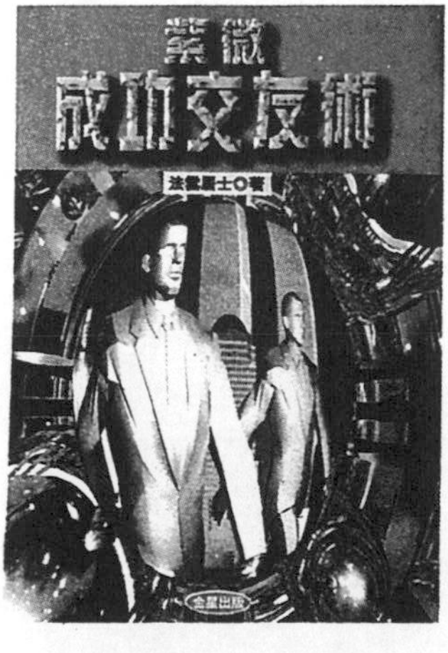

成功的人都有成功的好朋友！
失敗的人也都有運程晦暗的朋友！
好朋友能幫助你在人生中『大躍進』！
壞朋友只能為你『扯後腿』！
如何交到好朋友？
好提升自己人生的層次，進入成功者的行列！
『交友成功術』教你掌握『每一個交到益友的企機』
讓你此生不虛此行！

八字算命速成寶典

八字王

人的八字很奇妙！『年、月、日、時』明明是一個時間標的，
但卻暗自包含了人生的富貴貧賤在其中。

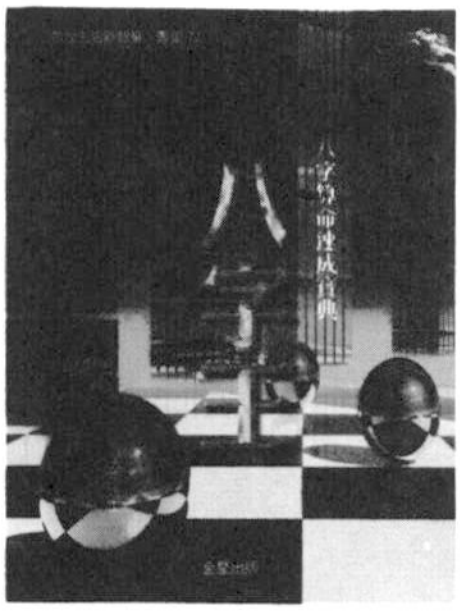

八字學是一種環境科學，懂了八字學，
你便能把自己放在最佳的環境位置之上而
富貴享福。

八字學也是一種氣象學，學會了八字，
你不但上知天文、下知地理，不但能知天
象，還能得知運氣的氣象，而比別人更快
速的掌握好運。

每一個人的出生之八字，都代表一個特殊
的意義，
好像訴說一個特別的故事，你的八字代表什**麼特殊意義呢？**
在這本『八字王』的書之中，
你會有意想不到的、又有趣的答案！

對你有影響的

日月機巨

上、中、下冊

法雲居士⊙著

在每個人的命盤中都有太陽、太陰、天機、巨門四顆星，這四顆星在人命格中具有和前程，和智慧，和靈敏度，和計謀，和競爭，和感情，和應得的固定財祿有關的主導關係。

其實你也會發現這四顆星，不但一起主宰了你**的情緒智商，同時**也共同主宰了你的前途命運及一生富貴。

這是一部套書，其餘是『權祿科』、『羊陀火鈴』、『十干化忌』、『天空、地劫』、『殺破狼』上下冊、『昌曲、左右』、『紫廉武』、『府相同梁』上下冊、『日月機巨』上中下冊、『身宮和命主、身主』等書。

這套書是法雲居士對於學習紫微斗數者常忽略或弄不清星曜特質，常對自己的命格不是有過高的期望，就是有過於看低自己命格的解釋，這兩種現象都是不好的算命方式。因此，以這套書來提供大家參考與印證。

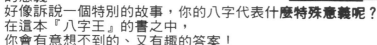

三分鐘會算命

法雲居士⊙著

簡單．輕鬆．好上手

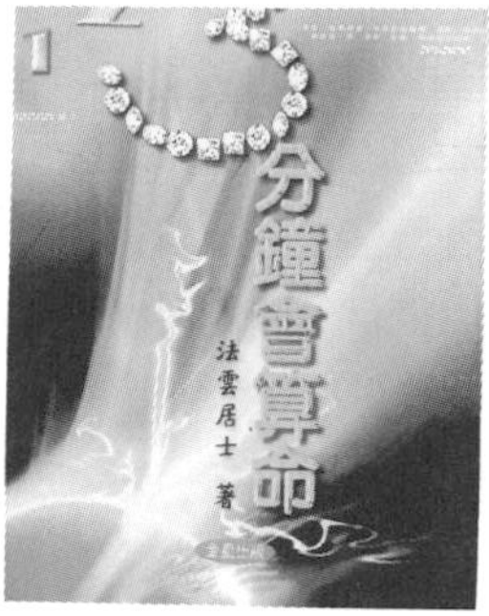

《三分鐘會算命》！
讓你簡簡單單、輕輕鬆鬆，一手掌握自己的命運！

誰說紫微斗數要精準，就一定要複雜難學？即問、即翻、即查的瞬間功能，
一本在手，助你隨時掌握幸運人生，
趨吉避凶，一翻搞定。
算命批命自己來，命運急救不打烊，
隨時有問題隨時查。

《三分鐘會算命》就是你的命理經紀，
專門為了您的打拚人生全程護航！

用顏色改變運氣

法雲居士⊙著

顏色中含有運氣，運氣中也帶有顏色！中國有自己一套富有哲理系統的用色方法和色彩學。
更可以利用顏色來改變磁場的能量，
使之變化來達成改變運氣的方法。
這套方法就是五行之色的運用法。

現今我們對這一套學問感到高深莫測，但實則已存在我們人類四周有數千年歷史了。

法雲居士以歷來論命的經驗和實例，
為你介紹用顏色改變運氣的方法和效力，
讓你輕輕鬆鬆的為自己增加運氣和改運！

你的財要怎麼賺

這是一本教你如何看到自己財路的書。
人活在世界上就是來求財的！
財能養命，也會支配所有人的人生起伏和經歷。
心裡窮困的人，是看不到財路的。
你的財要怎麼賺？人生的路要怎麼走？
完全在於自己的人生架構和領會之中，
法雲居士利用紫微命理為你解開了這個
人類命運的方程式，
劈荊斬棘，為您顯現出你面前的財路，
你的財要怎麼賺？
盡在其中！

紫微命格論健康

法雲居士⊙著

在中國醫藥史上，以五行『金、木、水、火、土』便能辨人病症，
在紫微斗數中更有疾厄宮是顯示人類健康問題的主要窗口，
健康在每個人的人生中是主導奮發力量和生命的資源，
每一種命格都有專屬於自己的生命資源，
所以要看人的健康就不是單單以疾厄宮的內容為憑據了，
而是以整個命格的生命跡象、運程跡象為導向，來做為一個整體的生命資源的架構。
沒生病並不代表身體真正的健康強壯、生命資源豐富。
身體有隱性病灶、殘缺的，在命格中一定有跡象顯現，

健康關係著人生命的氣數和運程的旺弱氣數，
如何調養自身的健康，不但關係著壽命的長短，也關係著運氣的好壞，
想賺錢致富的人，想奮發成功的人，必須先鞏固好自己的優勢、資源，
『紫微命格論健康』就是一本最能幫助你檢驗出健康數據的書。

考試你最強

法雲居士⊙著

讓老天爺站在你這邊幫忙你考試

- 老天爺給你一天中的好時間、給你主貴的『陽梁昌祿』格、給你暴發運的好運、給你許許多多零碎的、小的旺運來幫忙你K書、考試。但你仍需有智慧會選邊站，老天爺才會站在你這邊！

如何運用運氣來考試

- 運氣是由許多小的時間點移動的過程所形成的，運用及抓住好的時間點，就能駕馭運氣、讀書、K書就不難了，也更能呼風喚雨，任何考試都手到擒來，考試強強滾！
考試你最強！

權 祿 科

法雲居士⊙著

在每一個人的生命歷程中，都會有能掌握一些事情的力量，和對某些事情能圓融處理。又有某些事情是使你頭痛或阻礙你、磕絆你的痛腳。這些問題全來自於出生年份所形成的化權、化祿、化科、化忌的四化的影響。

『權、祿、科』是對人有利的，能促進人生進步、和諧、是能創造富貴的格局。『權、祿、科』的配置好壞就是能決定人生加分、減分的重要關鍵所在。

這是一套七本書的套書，其餘是『羊陀火鈴』、『化忌、劫空『昌曲左右』、『殺破狼』、『府相同梁』。

這套書是法雲居士對學習紫微斗數者常忽略或弄不清星曜特質，常對自己的命格有過高的期望或過於看輕的解釋，這兩種現象都是不好的算命方式。因此，以這套書來提供大家參考與印證。

命理生活新智慧・叢書02

如何掌握 旺運過一生

◎「時間」是天地間一切事物的轉機

◎如何利用命理中特定的時間反敗為勝

已出版 熱賣中

這是一本教你如何利用「時間」來改變自己命運的書！
旺運的時候攻，弱運的時候守，人生就是一場攻防戰。這場仗要如何去打？
為什麼拿破崙在滑鐵盧之役會失敗？
為什麼盟軍登陸奧曼第會成功？這些都是「時間」這個因素的關係！
在你的命盤裡有那些居旺的星？它們在你的生命中扮演著什麼樣的角色？它們代表的是什麼樣的時間？在你瞭解這些隱藏的企機之後，你就能掌握成功、登上人生高峰！

•金星出版•

殺、破、狼

法雲居士⊙著

每一個人的命盤中都有七殺、破軍、貪狼三顆星，
在每一個人的命盤格中也都有『殺、破、狼』格局，
『殺、破、狼』是人生打拚奮鬥的力量，
同時也是人生運氣循環起伏的一種規律性的波動。
在你命格中『殺、破、狼』格局的好壞，會決定你人生的成就，也會決定你人生的順利度。

這是一套九本書的套書，其餘是『權科祿

法雲居士利用紫微命理的方式向你解釋為什麼有些人會在移民或向外投資上發展成功，為什麼某些人會失敗、困頓，怎麼樣才能找對自己的正確方向，使你在移民、對外投資上，才不會去走冤枉路、花冤枉錢。

如何尋找磁場相合的人

法雲居士⊙著

每個人一出世，便擁有了自己的磁場。
好的磁場就是孕育成功人士、領導人、有能力的人能造福人群的人的孕育搖籃。同時也是享福、享富貴的天然樂園。壞的磁場就是多遇傷災、破耗、人生困境、貧窮、死亡以及災難無法躲過的磁場環境。
人為什麼有災難、不順利、貧窮、或遭遇惡徒侵害不能善終的死亡？
這完全都是磁場的問題。

法雲居士用紫微命理的方式，讓你認清自己周圍的磁場環境，也幫你找到能協助你、輔助你脫離困境、及通往成功之路的磁場相合的人。
讓你建立一個能享受福財與安樂的快樂天堂。

如何用偏財運來理財致富

法雲居士⊙著

偏財運會創造人生的奇蹟，
偏財運也會為人生帶來財富，
但『暴起暴落』始終是人生中的夢魘。

如何讓暴發的財富永遠留在你的身邊，如何用一次接一次的偏財運增高你的人生格局。

這本『如何用偏財運來理財致富』就明確的提供了發財的方法和用偏財運來理財致富的訣竅，讓你永不後悔，痛快的過你的人生！

紫微屋相學

法雲居士⊙著

人有面相，房屋就有『屋相』。
人有命運，房屋也有命運。
具有好命運的房子，也必然具有好風水與好『屋相』。

房子、住屋是人外在環境的一部份，
人必須先要住得好、住得舒適，為自己建造好的磁場環境，才會為你帶來好運和財運。
因此你住了什麼樣的房子，和為自己塑造了什麼樣的環境，很重要！

這本『紫微屋相學』不但告訴你如何選擇吉屋風水的事，
更告訴你如何運用屋相的運氣來為自己增運、補運！

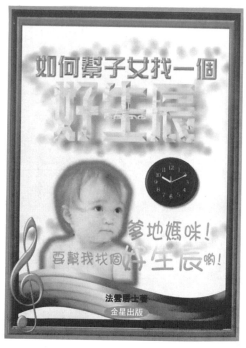

如何選取喜用神

(上冊)選取喜用神的方法與步驟
(中冊)日元甲、乙、丙、丁選取喜用神的重點與舉例說明
(下冊)日元戊、己、庚、辛、壬、癸選取喜用神的重點與舉例說明

每一個人不管命好、命壞，都會有一個用神和忌神。
喜用神是人生活在地球上磁場的方位。
喜用神也是所有命理知識的基礎。
及早成功、生活舒適的人，都是生活在喜用神方位的人。
運蹇不順、夭折的人，都是進入忌神死門方位的人。
門向、桌向、床向、財方、吉方、忌方，全來自於喜用神的方位。
用神和忌神是相對的兩極。
一個趨吉，一個是敗地、死門。
兩者都是人類生命中最重要的部份。
你算過無數的命，但是不知道喜用神，還是枉然。
法雲居士特別用簡易明瞭的方式教你選取喜用神的方法，
並且幫助你找出自己大運的方向。

命理生活新智慧・叢書

紫微斗數全書詳析

《上、中、下、批命篇》四冊一套

◎法雲居士◎著

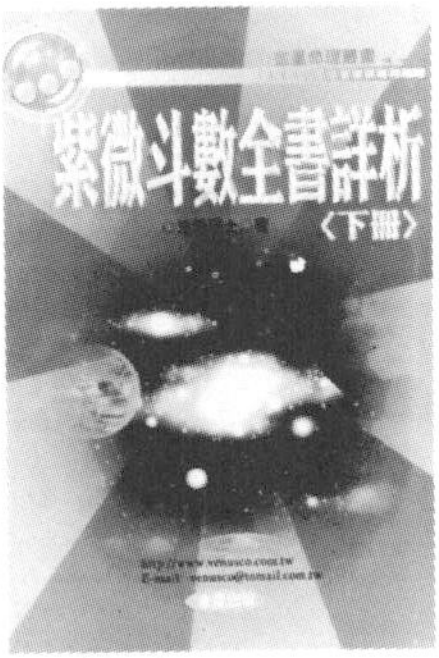

『紫微斗數全書』是學習紫微斗數者必先熟讀的一本書。但是這本書經過歷代人士的添補、解說或後人在翻印上植字有誤，很多文義已有模糊不清的問題。

法雲居士為方便後學者在學習上減低困難度，特將『紫微斗數全書』中的文章譯出，並詳加解釋，更正錯字，並分析命理格局的形成，和解釋命理格局的典故。使你一目瞭然，更能心領神會。

這是一本進入紫微世界的工具書，同時也是一把打開斗數命理的金鑰匙。

對你有影響的

殺、破、狼

上、下冊

法雲居士⊙著

每一個人的命盤中都有七殺、破軍、貪狼三顆星，在每一個人的命盤格中也都有『殺、破、狼』格局，『殺、破、狼』是人生打拚奮鬥的力量，同時也是人生運氣循環起伏的一種規律性的波動。在你命格中『殺、破、狼』格局的好壞，會決定你人生的成就，也會決定你人生的順利度。

下冊是繼上冊之後，繼續討論『殺、破、狼』在『夫、遷、福』、『父、子、僕』及『兄、疾、田』以及在大運、流年、流月行運之間的問題。『殺、破、狼』格局既是人生活動的軌跡，也是命運上下起伏的規律性波動。但在人生的感情世界中更是一種親疏憂喜的現象。它的變化是既能創造屬於你的新世界，也能毀滅屬於你的美好世界，對人影響至深至遠。因此在人生中要如何把握『殺、破、狼』的特性，就是我們這一生最重要的功課了。

對你有影響的

紫、廉、武

法雲居士⊙著

在每個人的命盤中都有紫微、廉貞、武曲三顆星，同時這三顆星也具有堅強的鐵三角關係，會在三合宮位中三合鼎立著，相互拉扯，關係緊密、共同組織、架構了你的命運。這也同時，紫微、廉貞兩顆官星和武曲一顆財星，也共同主宰了你的命運！當命盤中的紫、廉、武有兩顆以上居旺時，你的人生就會富足的多，也事業順利、有成就。如果有兩顆以上都居平、陷之位時，則你人生中的過程多艱辛、窮困、不太富裕。要看命好不好？就先從你命盤中的這三顆星來分析吧！

對你有影響的

羊陀火鈴

法雲居士⊙著

在每一個人的命盤中都會有羊、陀、火、鈴出現，這些星曜其實會根據其本身特質來幫助或影響命格，有加分、減分的作用。羊、陀並不全都不好。火、鈴也有好有壞，端看我們怎麼運用它們的長處，和如何抵制它們的短處，就能平撫羊、陀、火、鈴的刑剋不吉。以及利用它們創造更高層次的人生。

對你有影響的

昌曲左右

法雲居士⊙著

在每個人的命格之中，文昌、文曲、左輔、右弼都佔有重要的位置。昌曲二星不但是主貴之星，也直接影響人的相貌、氣質和聰明度，更會為你的人生帶來不同的變化和創造不同的人生。左輔、右弼是兩顆輔星，助善也助惡，在你的命格中，到底左輔、右弼兩顆星是和吉星同宮還是和凶星同宮呢？到底左右二星有沒有真的幫忙到你的人生呢？